SERVIÇO SOCIAL E ALIENAÇÃO PARENTAL

CONTRIBUIÇÕES PARA A PRÁTICA PROFISSIONAL

Coordenadora do Conselho Editorial de Serviço Social
Maria Liduína de Oliveira e Silva

Conselho Editorial de Serviço Social
Ademir Alves da Silva
Elaine Rossetti Behring
Ivete Simionatto
Maria Lucia Silva Barroco

Dados Internacionais de Catalogação na Publicação (CIP)
(Câmara Brasileira do Livro, SP, Brasil)

Rocha, Edna Fernandes da
  Serviço Social e alienação parental : contribuições para a prática profissional / Edna Fernandes da Rocha. — São Paulo : Cortez, 2022.

  Bibliografia.
  ISBN 978-65-5555-245-4

  1. Alienação parental 2. Assistentes sociais - Prática profissional 3. Guarda compartilhada 4. Serviço social I. Título.

22-110699   CDD-361.3

Índices para catálogo sistemático:
1. Serviço social : Prática profissional 361.3

Cibele Maria Dias - Bibliotecária - CRB-8/9427

Edna Fernandes da Rocha

SERVIÇO SOCIAL E ALIENAÇÃO PARENTAL

CONTRIBUIÇÕES PARA A PRÁTICA PROFISSIONAL

São Paulo - SP
2022

SERVIÇO SOCIAL E ALIENAÇÃO PARENTAL: contribuições para a prática profissional
Edna Fernandes da Rocha

Capa: de Sign Arte Visual
Preparação de originais: Jaci Dantas de Oliveira
Revisão: Ana Paula Luccisano
Editora-assistente: Priscila F. Augusto
Diagramação: Linea Editora
Coordenação editorial: Danilo A. Q. Morales
Direção editorial: Miriam Cortez

Nenhuma parte desta obra pode ser reproduzida ou duplicada sem autorização expressa da autora e do editor.

© 2022 by Autora

Direitos para esta edição
CORTEZ EDITORA
R. Monte Alegre, 1074 — Perdizes
05014-001 — São Paulo-SP
Tel.: +55 11 3864 0111
cortez@cortezeditora.com.br
www.cortezeditora.com.br

Impresso no Brasil – outubro de 2022

*Para Nathi e Isaac,
meus amores e preciosidades.*

Sumário

Lista de siglas 11

Prefácio 13
    Dalva Azevedo de Gois

Apresentação 19

Introdução 21

CAPÍTULO I
Família no cenário brasileiro — Marcos legais e aproximações conceituais

1.1   Evolução dos marcos legais relativos à família no Brasil 29

    1.1.1   A família amparada na legislação 29

    1.1.2   A família assegurada pela garantia legal da Doutrina da Proteção Integral de Crianças e Adolescentes e o direito à convivência familiar 33

    1.1.3   A família e o Plano Nacional de Convivência Familiar e Comunitária em seus elementos centrais 37

1.2 Família — aproximações conceituais 42

   1.2.1 A necessidade de um estudo científico e atual 42

   1.2.2 A família como tema de estudo e prática do Serviço Social — aproximações iniciais 44

   1.2.3 Serviço Social e família — em busca de referenciais 46

   1.2.4 A concepção de família enquanto instrumento da Política Social ... 47

   1.2.5 A perspectiva da família a partir do Materialismo Histórico 50

   1.2.6 A família definida pela sua estrutura e/ou pelas relações internas e externas incluídas no seu núcleo vital 54

CAPÍTULO II
Alienação parental — Do surgimento de um "fenômeno" à construção de uma lei

2.1 Alienação Parental — a construção de um "fenômeno" social 63

2.2 Contribuições do Serviço Social para o debate da Alienação Parental 71

2.3 Percursos e percalços de um "fenômeno" no Legislativo e a "luta" de pais injustiçados: construindo e desconstruindo a Lei de Alienação Parental 79

CAPÍTULO III
Serviço Social, trabalho com famílias em litígio e alienação parental: uma relação intrínseca na área sociojurídica

3.1 Serviço Social nas varas da família — demandas reatualizadas e respostas propositivas 91

3.1.1 Famílias em litígio e o trabalho da/o assistente social nas varas da família — as práticas atuais.. 95

3.2 A imediaticidade e a autonomia profissional — práticas (im)possíveis na realização da Perícia em Serviço Social?............................... 102

3.2.1 Perícia em Serviço Social — elementos conceituais que norteiam sua realização.. 102

3.2.2 A imediaticidade pode (in)existir na prática profissional?............. 116

3.2.3 A autonomia profissional — superando os desafios.................. 122

3.3 A Lei de Alienação Parental e o papel da/o assistente social — em busca de um consenso... 126

3.4 A Lei de Alienação Parental e relações sociais de sexo...................... 134

CAPÍTULO IV

Os discursos da alienação parental no Serviço Social: a garantia do direito à convivência familiar como perspectiva de atuação profissional

4.1 Procedimentos metodológicos.. 143

4.2 Alienação Parental e família a partir dos discursos das/dos assistentes sociais — revendo práticas, construindo posições.............................. 148

4.2.1 A escuta das/os profissionais.. 148

4.2.2 Exigências e condições para as/os profissionais quanto à família e ao desenvolvimento do atendimento no caso da Alienação Parental... 173

4.3 Serviço Social e a perspectiva da proteção integral — da alienação parental ao direito à convivência familiar 174

4.4 Alienação Parental e os discursos do Serviço Social — contribuições a partir da prática profissional 187

Considerações finais 219

Referências 225

Lista de siglas

AP	—	Alienação Parental
CC	—	Código Civil
CCJC	—	Comissão de Constituição e Justiça e de Cidadania
CF	—	Constituição Federal
CFESS	—	Conselho Federal de Serviço Social
CFP	—	Conselho Federal de Psicologia
CNBB	—	Conferência Nacional dos Bispos do Brasil
Conanda	—	Conselho Nacional dos Direitos da Criança e do Adolescente
CPC	—	Código de Processo Civil
CRESS	—	Conselho Regional de Serviço Social
ECA	—	Estatuto da Criança e do Adolescente
Funabem	—	Fundação Nacional do Bem-Estar do Menor
LAP	—	Lei de Alienação Parental
MP	—	Ministério Público
NOB	—	Norma Operacional Básica
ONG	—	Organização Não Governamental
PL	—	Projeto de Lei
PLC	—	Projeto de Lei da Câmara
PNCFC	—	Plano Nacional de Convivência Familiar e Comunitária
PNUD	—	Programa das Nações Unidas para o Desenvolvimento

SAP — Síndrome da Alienação Parental
SS — Serviço Social
ST — Setor Técnico
SUAS — Sistema Único de Assistência Social
TJ — Tribunal de Justiça
TJ-SP — Tribunal de Justiça de São Paulo

Prefácio

O Estado, por meio das normativas legais, historicamente, interfere na vida das famílias, em especial quando é solicitado a dirimir disputas no âmbito da conjugalidade e/ou da parentalidade. Na contemporaneidade, a tendência é a de a autoridade, para equacionar questões do espaço privado, ser deslocada das pessoas de referência da família para juízes e demais executores do Sistema de Justiça, o que tornou essa interferência do Estado cada vez mais presente.

Numa sociedade na qual imperam, estruturalmente, as desigualdades de classe social, racial e de gênero, certas questões têm mesmo de ser decididas no âmbito do Sistema de Justiça, mesmo as de âmbito familiar, de modo a vislumbrarem decisões justas. E, certamente, essa crença de que o Sistema de Justiça[1] é justo impulsiona ex-cônjuges a buscarem a instituição judiciária para solucionar suas disputas, inclusive aquelas relativas aos filhos.

---

1. Faria (2004), ao discutir a crise do "Sistema de Justiça", avalia haver ineficiência no desempenho de suas três funções básicas: "[...] a instrumental, a política e a simbólica (Santos *et al.*, 1996). Pela primeira, o Judiciário e o MP são o principal *loci* de resolução dos conflitos. Pela segunda, exercem um papel decisivo como mecanismo de controle social, fazendo cumprir direitos e obrigações contratuais, reforçando as estruturas vigentes de poder e assegurando a integração da sociedade. Pela terceira, disseminam um sentido de equidade e justiça na vida social, socializam as expectativas dos atores na interpretação da ordem jurídica e calibram os padrões vigentes de legitimidade na vida política". (FARIA, José E. O sistema brasileiro de Justiça: experiência recente e futuros desafios. *In: Estudos Avançados* 18 (51), 2004. Disponível em: https://www.scielo.br/j/ea/a/7SxL3ZVmwbGPNsgbRRM3FmQ/?lang=pt. Acesso em: 8 abr. 2022.

São as decisões no âmbito judicial sempre justas? Para além de certa relatividade em relação ao que é (ou não) justo, existem outros fatores que interferem numa decisão[2]. Compreender em profundidade o contexto a partir do qual se desenvolve a disputa entre os ex-cônjuges favorece a tomada de decisões justas para os sujeitos envolvidos? Dada a complexidade do que é atualmente demandado da Justiça de Família, o que seria fundamental para se alcançar o cerne da questão em disputa? Em que condições exercem a parentalidade, durante o casamento, pais e mães que, após a separação conjugal, se mostram inábeis para tomarem definições conjuntas sobre os filhos? Será que o poder de um sobre o outro sempre norteou as definições relativas aos filhos, mas a disputa se expressou claramente apenas após a separação conjugal?

Questões como essas, que ensejam a reflexão sobre famílias, relações sociais e de sexo, questões étnicas, parentalidade e a própria estruturação do espaço institucional onde se processam as disputas judiciais, entre outros aspectos, constituem a matéria-prima deste livro.

Nele, a autora, Edna F. da Rocha, com base em sua longa experiência profissional no espaço sociojurídico, em seus estudos acadêmicos e em pesquisa realizada com colegas assistentes sociais atuantes na Justiça de Família, assume o desafio de problematizar, a partir de entrevistas e laudos dos referidos profissionais, questões que norteiam definições quanto à convivência dos filhos com seus dois ramos parentais, no pós-separação conjugal, especialmente em processos que versam sobre o que tem sido denominado "alienação parental".

A pesquisa apresentada é de uma riqueza sem igual. Uma leitura cuidadosa dos fragmentos escolhidos pela autora possibilita gradativa aproximação dos bastidores das situações-foco das disputas. Para além disso, é possível apreender as diferentes concepções que orientam as investigações sociais, assim como a utilização (ou não) de fundamentos

---

2. Em que pese sua importância, não vamos nos ater aqui a possíveis discrepâncias associadas ao poder financeiro na defesa dos sujeitos em litígio.

teórico-metodológicos para se chegar a um entendimento das questões preponderantes da disputa familiar.

Para tanto, a autora trilhou um caminho no qual se deslocou da armadilha de "julgamento" das situações em disputa como sendo (ou não) alienação parental. Em vez disso, ampliou a visão sobre esse tema e centrou sua reflexão nos possíveis óbices, impostos pelo pai, pela mãe ou por outras pessoas referenciais na família, para a preservação do convívio de crianças e/ou adolescentes com seus dois ramos parentais.

Essa perspectiva analítica não é a única presente entre os poucos estudiosos do Serviço Social sobre o tema "Alienação Parental". Todavia, certamente, promove o direcionamento para a especificidade do Serviço Social na Justiça de Família e para a ampliação na identificação e na análise de questões cernes da disputa pela guarda dos filhos, entre famílias materna e paterna.

Para nos fazer compreender seu posicionamento, a autora apresentou, inicialmente, insumos relativos a famílias, do ponto de vista das normativas legais, da proteção integral de crianças e adolescentes e da convivência familiar e em seu meio social, aproximando-se, então, de uma conceituação de famílias concernente ao Serviço Social.

Em seguida, discorreu sobre "Alienação Parental", discutindo sua origem e questionando a existência de base científica para a "Síndrome de Alienação Parental". Expôs a discussão desse tema no âmbito do Serviço Social, e o processo de construção e desconstrução da Lei da Alienação Parental.

Apresentando fios que se cruzam entre Serviço Social, trabalho social com famílias em litígio e alienação parental no espaço sociojurídico, a autora se vale das demandas que se apresentam nesse espaço ocupacional e das práticas atuais de assistentes sociais que nele atuam, em especial nas perícias sociais. Sobre esse último aspecto, ela faz importantes apontamentos sobre uma possível imediaticidade existente nessas perícias e sobre os desafios para alcançar a tão necessária autonomia profissional. Adentra, ainda, à discussão sobre a lei que dispõe sobre alienação parental e as relações sociais de sexo, demarcando sua distinção com as relações sociais de gênero.

Por fim, aporta no âmago do tema de sua tese de doutoramento "Os discursos da alienação parental no Serviço Social: a garantia do direito à convivência familiar como perspectiva de atuação profissional". A partir de relatos orais (fragmentos de entrevistas) e escritos (fragmentos de laudos) de assistentes sociais que atuam em uma Vara de Família, a autora analisa os impactos da alienação parental e demais litígios na prática desses profissionais, seus posicionamentos em relação a tais litígios, os significados atribuídos a famílias, destacando, ainda, situações exitosas do trabalho desses profissionais na promoção da convivência familiar entre os pais e seus filhos, sujeitos das perícias de Serviço Social.

Com isso, Edna F. da Rocha expressa seu pensamento relativo à atuação profissional, fazendo suas as palavras de nossa grande, querida e saudosa mestra, Myrian Veras Baptista, ao afirmar que o profissional "[...] deverá procurar encaminhar as reflexões e os resultados em um sentido histórico, social, político e técnico de produção de conhecimentos que tem em vista uma prática mais consequente" (BAPTISTA, 2006, p. 29).

Destaque-se o alinhamento da conclusão do livro com posicionamentos anteriores, no que se refere à defesa de que a prática profissional assuma a perspectiva da proteção integral de crianças e adolescentes e do direito e dever do exercício da parentalidade, de modo a assegurar a ampla convivência entre os filhos e seus pais, mães e demais familiares. Esse alinhamento no percurso do texto expressa tanto sua consistência quanto a clareza da autora no que tange à contribuição do Serviço Social na identificação e na análise de demandas da Justiça de Família que, costumeiramente, são denominadas alienação parental.

Isso posto, compreendemos que este livro é uma especial contribuição para aqueles que atuam no espaço sociojurídico, bem como um incentivo para que outros pesquisadores e profissionais se debrucem sobre questões que emergem do cotidiano de trabalho e que exigem ampliação e aprofundamento analíticos.

Dalva Azevedo de Gois
Assistente social, mestre e doutora em Serviço Social
Especialista e pesquisadora em famílias
Consultora na área de Políticas Sociais pelo PNUD

Apresentação

A publicação deste livro[1], fruto da minha tese de doutorado, mas também de reflexões por meio de pesquisas e estudos aos quais continuei me dedicando após a defesa, materializa um dos objetivos de sua elaboração: contribuir para o exercício profissional do/a assistente social e para a construção de conhecimento na área sociojurídica nas questões afetas às varas da família, em especial, à alienação parental.

Partindo da premissa de que os objetivos desta obra se alinham ao projeto ético-político de nossa profissão, compreendo que a nossa atuação nas questões pertinentes ao tema alienação parental vai além de emitir diagnósticos tal qual a Lei n. 12.318/2010 impõe.

Por isso, o percurso que escolhi nesta obra se vale da minha experiência profissional acumulada ao longo de mais de 15 anos como assistente social e trabalhadora do judiciário paulista, sendo mais de uma década atuando com foco nas demandas das varas da família, balizada pelo referencial teórico-crítico hegemônico do Serviço Social que impulsionou as análises apresentadas nesta obra, com vista à defesa da garantia do direito à convivência familiar e comunitária

---

1. Buscou-se, nesta obra, a adequação de linguagem de gênero, conforme a Resolução n. 594/2011 do Conselho Federal de Serviço Social – CFESS (Disponível em http://www.cfess.org.br/arquivos/Res594.pdf). Eventuais adequações que não foram feitas em decorrência de citações *ipsis litteris*, pelo entendimento que não seriam viáveis devido à ideia e/ou publicação original das/os autoras/es aos quais mencionamos ou que não modificariam o sentido das análises feitas no decorrer do livro, não desconsideram a preocupação desta autora com o recomendado na referida resolução.

das crianças e adolescentes, assim como do direito ao exercício da igualdade parental.

Diante da imperial necessidade de a profissão trazer o tema para discussão de forma que possa ser incluído na agenda de debate da categoria, este livro se propõe a subsidiar essa pauta, convidando as leitoras e os leitores a (re)pensarem as suas práticas profissionais, nas demandas pertinentes à alienação parental, nos tribunais de justiça brasileiros.

Assim, agradeço à Cortez Editora pela confiança, em especial à querida Maria Liduína de Oliveira pela atenção desde o início das tratativas para a concretização da publicação deste livro.

Também agradeço às professoras Dalva Azevedo de Gois, Eunice Teresinha Fávero e Analicia Martins de Sousa pelas valorosas contribuições na elaboração do prefácio, primeira orelha e quarta capa, respectivamente.

Não poderia deixar de reconhecer a contribuição dos/das profissionais que participaram da pesquisa, assim como as trocas de experiências com as/os companheiras/os do Grupo de Estudos do TJ-SP — Varas de Família (não poderia deixar de mencionar a querida Ana Paula Hachich com quem tive o privilégio de coordenar o grupo, por muitos anos), espaço fértil para discussão do tema alienação parental; de todos e todas que, embora não mencionados, também foram importantes neste percurso.

Por fim, agradeço, grandemente, aos familiares, em especial, ao meu companheiro, Renato, minha mãe e meu pai, Judite e Osvaldo, minha tia, Clotilde, meu irmão, Edilson, e minha amiga-irmã, Silmara, que sabem o significado que a publicação deste livro tem para mim, mulher negra, mãe e trabalhadora, e dos desafios que fazem parte do cotidiano de mulheres que, como eu, resistem e persistem na defesa dos direitos humanos.

Edna Fernandes da Rocha
Abril/2022

Introdução

Para a elaboração deste livro que versa sobre a temática da alienação parental, foram determinantes tanto o nosso interesse pelos estudos em geral, como a experiência profissional que temos vivido há mais de uma década como assistente social do Tribunal de Justiça do Estado de São Paulo. Esse assunto apresentou-se controverso e instigante desde o primeiro momento em que o conhecemos, despertando-nos um profundo interesse em estudá-lo, especialmente, pelo fato de ter ganhado estatuto de lei e compreender qual seria a contribuição da/o assistente social.

Controverso porque são variados os posicionamentos daquelas/es que se propuseram a debater a temática, conforme será apresentado no decorrer deste trabalho. A começar pelas primeiras afirmações do precursor da terminologia criada, ao construir a concepção presente no termo: Síndrome da Alienação Parental, como sendo a campanha de desqualificação promovida por pelo/a genitor/a alienador/a com o objetivo de romper os vínculos das/os filhas/os com o/a genitor/a alienado/a. Um conceito criado numa realidade tão adversa da brasileira, mas que ganhou "vida própria" a ponto de se tornar uma lei.

Instigante porque o cotidiano profissional na área sociojurídica nos exige uma atuação questionadora e baseada nas referências teóricas existentes, sendo essa temática ainda pouco estudada e debatida no âmbito do Serviço Social.

Atuando nas Varas da Família e Sucessões, verificamos que a referência à alienação parental surge com frequência nos atendimentos que envolvem disputas de guarda — ou sua modificação, divórcio, separação, união estável, regulamentações de visitas e, eventualmente, em processos judiciais nomeados como "alienação parental", nos quais as crianças e as/os adolescentes estão no cerne das disputas.

Nas situações anteriormente relatadas, é comum que juízas/es determinem a realização da perícia em Serviço Social, sempre quando requerido pelo Ministério Público, a pedido das/os advogadas/os ou para ter subsídios em suas decisões e sentenças.

Essas demandas de atendimento que têm sido impostas à/ao assistente social que atua no Judiciário nos estimularam a estudar e a pesquisar a alienação parental, que, analisada sob a perspectiva da convivência familiar, se configura como uma das expressões da questão social e tem sido cada vez mais "judicializada" (Iamamoto, 2012; Fávero, 2011).

Foram essas constatações que nos levaram, no desenvolvimento deste livro[1], à busca de uma explicitação clara da situação legal vigente com relação ao tema da pesquisa.

Destacam-se a Lei n. 12.318, de 26/08/2010, que trata particularmente da alienação parental, e as Leis n. 11.698, de 13/06/2008, e n. 13.058, de 22/12/2014, que dispõem sobre a guarda compartilhada.

É preciso, entretanto, chamarmos a atenção para o fato de que a proteção e a garantia da convivência familiar e comunitária da criança e da/o adolescente estão previstas no país desde a última Constituição Federal do Brasil, promulgada em 05/10/1988, em seus artigos 226 e 227, assim como também no artigo 19 do Estatuto da Criança e do Adolescente, de 13/07/1990[2].

---

1. Este livro foi desenvolvido a partir da tese de doutorado em Serviço Social, defendida na Pontifícia Universidade Católica de São Paulo, no ano de 2016, sob o título *Alienação parental sob o olhar do Serviço Social: limites e perspectivas da atuação profissional nas varas de família*. Para esta publicação, todos os capítulos foram reorganizados.

2. Essa disposição foi complementada pela Lei n. 12.010, de 03/08/2009, e, ainda, pelo Plano Nacional de Promoção, Proteção e Defesa do Direito de Crianças e Adolescentes à Convivência Familiar e Comunitária, aprovado em dezembro de 2006.

Não obstante as robustas garantias presentes na área sociojurídica, verificou-se no conjunto das pesquisas e publicações analisadas que as/os profissionais do Serviço Social são as/os que menos têm debatido e produzido conhecimento, se comparado a áreas como o Direito e a Psicologia, tanto a respeito do conjunto da legislação, como especificamente sobre a chamada Lei de Alienação Parental.

As duas áreas científicas e profissionais referidas têm significativa produção bibliográfica nessa temática de discussão, que passou a ser disseminada na realidade brasileira e se constituiu como objeto obrigatório de consulta das/os assistentes sociais quando elas/es buscam referências para fundamentar os laudos do Serviço Social nos casos que envolvem o tema em debate.

Constatamos que, embora o Serviço Social lide em seu espaço sócio-ocupacional com demandas relacionadas à temática, e as/os assistentes sociais sejam constantemente convocadas/os a opinar por meio de trabalhos técnicos e periciais (Valente, 2007; Fávero, 2009; 2011; Barbosa e Castro, 2013; Gueiros, 2002), o aprofundamento do debate se torna um desafio, pois também diz respeito à convivência familiar e comunitária.

Uma das indagações que não pode, portanto, ficar fora de nossa constante reflexão é: por que o Serviço Social, que historicamente se inseriu no Judiciário muito antes da Psicologia, não tem demonstrado participação ativa de forma mais ampla numa discussão sobre a qual certamente tem domínio e que sempre existiu nas disputas judiciais, apenas agora surgindo com outro nome, de alienação parental?

Dessa forma, consideramos um compromisso ético-político debatermos essa temática, seja para, enquanto assistentes sociais, nos posicionarmos a respeito de nossos alcances e limites, seja para, como pesquisadoras/es, e a partir das experiências profissionais acerca do trabalho social com famílias em litígio, contribuir para a produção do conhecimento na área sociojurídica.

No papel de pesquisadora, entendemos que o Serviço Social não pode se isentar da discussão sobre essa temática. Assim, nossa expectativa é de, por meio desta pesquisa, trazer o debate a partir da visão de profissionais, valorizando suas experiências nas varas da família e sucessões. Consideramos relevante conhecer como as/os profissionais têm lidado com casos altamente litigiosos e como têm sido as suas práticas nesse contexto da ação profissional.

Avaliamos que muitas outras demandas são amplamente debatidas pelo Serviço Social na área sociojurídica e que a profissão dispõe de um arcabouço teórico-metodológico e técnico-operativo que permite, na perspectiva do projeto ético-político profissional, elaborar sua produção de conhecimentos acerca do tema.

A pesquisa que originou este livro foi de natureza quantiqualitativa, pois tal modalidade permite ao/à investigador/a a complementaridade de dados obtidos por meio de técnicas diversas. Conforme alerta Chizotti (2005), pesquisa quantitativa e pesquisa qualitativa não são procedimentos opostos, mas complementares. Ainda que haja oposições entre eles, essas devem ser superadas, já que "ambas devem sinergeticamente convergir na complementaridade mútua" (Chizotti, 2005, p. 31).

Para Baptista (1999, p. 38), a pesquisa quantitativa permite o aprofundamento do conhecimento e a acumulação do saber, pois é "significativo recorrer-se ao empirismo e à quantificação para melhor conhecer a realidade". No entanto, a autora recomenda que a análise dos dados seja também de natureza qualitativa.

Assim, esta pesquisa abrangeu três momentos inter-relacionados. O primeiro momento dedicou-se à pesquisa bibliográfica, ocasião em que foram se construindo os referenciais teóricos.

Marsiglia (2006) destaca a necessidade de que a pesquisa bibliográfica contemple diversas/os autoras/es que discutam o mesmo tema com posicionamentos distintos. Nessa perspectiva, as pesquisas ora realizadas e que fundamentam teoricamente as análises se deram por meio de levantamento de livros, artigos e teses/dissertações, além de consultas em sites da internet.

A limitada referência bibliográfica presente nesta pesquisa sobre Serviço Social e alienação parental se justifica, portanto, pela pouca produção existente sobre a temática.

Por esse motivo, investimos bastante na busca da produção bibliográfica na nossa área de atuação, ou seja, autoras/es que tratam de temáticas da área sociojurídica, família e da prática profissional em geral (Iamamoto; Mioto; Fávero; Gois; Gueiros).

Recorremos também às referências disponíveis no Direito e na Psicologia, profissões nas quais há maior arcabouço teórico nessas áreas.

O segundo momento foi o da pesquisa de campo, ou seja, da coleta de informações junto ao Tribunal de Justiça do Estado de São Paulo, mais precisamente nas varas da família, *locus* em que as/os profissionais realizam cotidianamente suas práticas.

A escolha dos sujeitos da pesquisa teve como critério o tempo de atuação profissional nas varas da família. Dessa forma, das/os quatro entrevistadas/os, dois possuem mais de dez anos de experiência e os outros dois, ao contrário, trabalham na área há menos de dez anos.

Conforme exposto, além das entrevistas, foram analisados 15 laudos de perícias sociais realizadas no período delimitado para o estudo, tanto das/os entrevistadas/os, como das/os demais técnicas/os da seção.

Assim, os laudos foram fornecidos pelas/os próprias/os profissionais, tanto aqueles cuja perícia foi realizada exclusivamente para averiguar a ocorrência da alienação parental, como os que as/os técnicas/os entendiam se tratar desse tema (mesmo que o/a juiz/a não tivesse determinado estudo social em Serviço Social para esse fim). Entendemos que essa metodologia favoreceria conhecer a visão das/os demais técnicas/os que não foram entrevistadas/os por meio dos laudos, dando uma amplitude maior, uma vez que não seria possível entrevistar um número maior de profissionais, o que inviabilizaria a transcrição das entrevistas e a análise do discurso da equipe como um todo.

Adotamos, também, a observação participante que, somada à experiência da pesquisadora no tema, foi de grande valia para a análise dos resultados.

O terceiro momento da pesquisa, o da construção das análises por meio da análise de discurso (Amaral, 2007), possibilitou a articulação teórica com os resultados das investigações realizadas durante a pesquisa.

Nessa fase, foram articulados conceitos como família, alienação parental, perícia em Serviço Social, autonomia e imediaticidade com os discursos das respostas dos sujeitos e dos dados constantes nos laudos do Serviço Social.

A organização do livro está estruturada em quatro capítulos.

No capítulo I, foi analisada a família no Brasil, por meio de seus marcos legais e conceituais. No que tange aos marcos legais, averiguamos a atenção à família na legislação brasileira ao longo do século XX, bem como a proteção integral e o direito à convivência familiar. Em relação aos marcos conceituais, foram abordados os conceitos de família a partir da visão de diversas/os autoras/es que são referência no âmbito do Serviço Social, uma vez que esses fazem parte da sustentação teórica da pesquisa.

No capítulo II, discutiu-se a temática de alienação parental contextualizando a discussão na realidade brasileira e como o conceito foi se disseminando, até a aprovação da Lei n. 12.318/2010. O entendimento desse processo possibilitou a identificação dos aspectos legais que permitem ao Estado, por meio da Lei de Alienação Parental, instituir os parâmetros do estabelecimento das relações familiares e da convivência familiar, no âmbito privado.

No capítulo III, foram feitas reflexões sobre o trabalho social com famílias em litígio. Apresentamos, também, conceitos como perícia em Serviço Social, imediaticidade e autonomia, correlacionando-os com nossas experiências nos atendimentos que envolvem situações de alienação parental, articulando, ainda, com as relações sociais de sexo (Cisne e Santos, 2018), conceitos esses que nortearão as análises da pesquisa de campo.

No capítulo IV, são analisados os discursos das/os assistentes sociais acerca da família e da alienação parental, a partir dos relatos das/os entrevistadas/os e dos laudos, tendo como premissa o entendimento de que o conceito de família adotado pela/o profissional tanto pode dar direção à prática profissional, como pode limitar as ações desses, especialmente nas situações que envolvem alienação parental. Identificamos distintas formas de abordagem, atuação e contribuição das/os assistentes sociais no trabalho social com famílias e nas ações voltadas para o direito social à convivência familiar e comunitária.

Nas Considerações Finais são apresentadas, em uma síntese dos resultados obtidos, reflexões sobre as possibilidades de atuação da/o assistente social no trabalho com famílias em litígio e nas situações envolvendo alienação parental.

Esperamos, com o desenvolvimento deste estudo, contribuir para a construção de conhecimento acerca da temática em questão, tanto para o Serviço Social, como para as demais áreas implicadas, pois, conforme Iamamoto (2001, p. 146): "A consolidação acadêmica da área supõe o reforço da produção acadêmica, do investimento na pesquisa, e estímulos à publicação dos resultados".

Capítulo I

Família no cenário brasileiro — Marcos legais e aproximações conceituais

1.1 Evolução dos marcos legais relativos à família no Brasil

1.1.1 A família amparada na legislação

Tomamos a promulgação do primeiro Código Civil brasileiro, em 1916, como importante marco legal para o estudo da família na área judicial. Nesse código, a família é concebida pelo casamento civil, conforme disposto no art. 229: "Criando a família legítima, o casamento legitima os filhos comuns, antes dele nascidos ou concebidos".

Aos cônjuges, de acordo com o art. 231, eram determinados os deveres recíprocos de fidelidade; vida em comum no mesmo domicílio; assistência mútua entre os cônjuges; provimento do sustento; guarda e educação das/os filhas/os.

Esse Código Civil expressa, oficialmente, a submissão da mulher em relação ao homem, pois, além de arbitrar a moradia, era permitido ao homem representar a família. Quanto à norma relativa à moradia, após a Lei Federal n. 4.121, de 27 de agosto de 1962, que dispõe sobre a situação jurídica da mulher casada, foi garantido à mulher o direito de recorrer, judicialmente, caso lhe causasse prejuízo.

O art. 234 dispunha, inclusive, que a obrigação do homem quanto a sustentar a mulher seria extinta se ela abandonasse a casa "sem motivo" e não mais retornasse. Nesse caso, seria ainda possível o marido sequestrar os bens que ela mantivesse para seu proveito e/ou das/os filhas/os.

Se esse código é o marco legal que dispõe sobre a família, numa perspectiva que garanta direitos aos homens e imponha às mulheres e às/aos filhas/os mais deveres que direitos, as legislações que seguiram, até o fim da década de 1960, não diferem nesse aspecto. Ele é disposto em termos de supremacia masculina e de responsabilização da família como um todo, típico do modelo patriarcal.

O art. 113 da Constituição Federal de 1934, que dispõe sobre os direitos individuais, por exemplo, afirma que: "34) A todos cabe o direito de prover a própria subsistência e à de sua família, mediante trabalho honesto". Nele consta, ainda, que: "O Poder Público deve amparar, na forma da lei, os que estejam em indigência". Nela, também o art. 144 afirma que a família, sob o casamento legal e indissolúvel, está sob proteção do Estado, tendo essa responsabilidade, também, sobre as famílias de proles numerosas, conforme art. 138, alínea *d,* de acordo com a qual educação e cultura seriam providos pela família, sendo os órgãos públicos aqueles a proporcionar o acesso a esses direitos.

O previsto no art. 124 da Constituição Federal de 1937 é idêntico ao art. 144 da Constituição anterior e reafirma o reconhecimento da família por meio do casamento. Nessa Constituição de 1937, porém, a proteção à infância e juventude é expressa de forma mais objetiva, ainda que nessa época prevalecesse a doutrina da situação irregular, sobretudo com relação às camadas populares ou sem acesso à justiça.

A Constituição de 1946, em seu art. 163, da mesma forma que as Constituições anteriores, estabelece a família como aquela formada pelo casamento civil. É nessa Constituição que, pelo art. 164, a maternidade, a infância e a adolescência surgem protegidas pela lei. O mesmo segue na Constituição Federal de 1967, em seu art. 167, em relação à família e à proteção à infância e juventude.

Mesmo com a promulgação da Lei do Divórcio — Lei n. 6.515 de 1977 —, ainda prevalecia, na sociedade, o paradigma da culpa pela separação e, identificado a/o culpada/o, as sanções eram mais punitivas para a mulher, caso ela fosse considerada culpada.

Foi a partir da Constituição Federal de 1988 que a mulher passou a ter os mesmos direitos que o homem, conforme o art. 5º, inc. I. O art. 226, destinado à família, dispõe: "a família, base da sociedade, tem especial proteção do Estado". Ainda que esse artigo faça menção ao casamento, dispõe também, no § 4º, que: "entende-se, também, como entidade familiar a comunidade formada por qualquer dos pais e descendentes".

Seguindo o mesmo percurso histórico, já no século XXI, o novo Código Civil de 2002, embora não defina família como aquela constituída pelo casamento, aduz que esse se dá entre homem e mulher, conforme o art. 1.512.

O art. 1.565, em seu § 2º, estabelece que "o planejamento familiar é de livre decisão do casal, competindo ao Estado propiciar recursos educacionais e financeiros para o exercício desse direito, vedado qualquer tipo de coerção por parte de instituições privadas ou públicas".

Os deveres de ambos são os mesmos previstos no Código Civil de 1916, mas traz a mudança de que a direção da sociedade conjugal é feita em colaboração pelo homem e pela mulher. Da mesma forma, seguindo essa linha renovada de partilha das responsabilidades, o domicílio conjugal passa agora a ser decidido, quando desejado, por ambos.

Ademais, está garantido a ambos o exercício do poder familiar, mesmo havendo separação e novas uniões por ambos os genitores, sem que possa haver interferência dos novos cônjuges, conforme art. 1.636.

Foi com a aprovação da Lei n. 11.698, de 13 de junho de 2008, conhecida como Lei da Guarda Compartilhada, que foi alterado o art. 1.583 do Código Civil, o qual estabelecia a guarda unilateral ao cônjuge que apresentasse melhores condições para exercê-la. A nova modalidade é definida como "a responsabilização conjunta e o exercício de direitos e deveres do pai e da mãe que não vivam sob o mesmo teto, concernentes ao poder familiar dos filhos comuns" (Brasil, 2008). Isso significa que, mesmo nas situações em que houver o rompimento conjugal, tanto pai como mãe continuam exercendo o poder familiar sobre as/os filhas/os.

A Lei da Guarda Compartilhada pode ser tida como um avanço na medida em que também responsabiliza o pai, posto que a guarda unilateral historicamente era sempre atribuída à mulher. No entanto, conseguir sua aplicabilidade, encontrando as reais condições do pai e da mãe para o exercício de sua proposta compartilhada, tem sido constantemente um desafio, embora tenha se passado mais de uma década dessa instituição legislativa. Gois e Oliveira (2019, p. 118) chamam a atenção para a análise cuidadosa durante a perícia em Serviço Social, tanto em relação às sugestões de compartilhamento como ao posicionamento de que a guarda compartilhada só é viável se o pai e mãe têm diálogo equilibrado. Para essas autoras, para além

> [...] do diálogo dos pais, talvez a indagação primordial para se pensar o compartilhamento dos cuidados dos filhos é se o bem-estar deles estará mais bem assegurado no convívio de ambos os genitores e de suas funções extensas, em condições equânimes, ou, se, principalmente na companhia de um deles.

Santos, Souza e Rocha (2017), partindo da experiência cotidiana nas varas da família e sob a perspectiva interdisciplinar, analisam que a legislação a respeito da guarda compartilhada, por si só, não viabiliza o diálogo entre pais e mães. Em alguns casos, inclusive, pode acirrar os conflitos, o que não favorece o melhor interesse das/os filhas/os. Nesse sentido, essas pesquisadoras entendem que a viabilidade (ou não) da guarda compartilhada deve ser analisada caso a caso.

Em situações de comprovada violência doméstica do pai contra a mãe, sendo determinada medida protetiva conforme a Lei Maria da

Penha, n. 11.340/2006, a inviabilidade de comunicação entre os pais, sob o aspecto do Serviço Social, dificulta o exercício da guarda compartilhada[1].

Seguiremos o percurso da família na legislação brasileira, para adentrar sua compreensão na discussão da proteção integral da criança e adolescente e do direito à convivência familiar.

1.1.2 A família assegurada pela garantia legal da Doutrina da Proteção Integral de Crianças e Adolescentes e o direito à convivência familiar

A Doutrina da Proteção Integral de Crianças e Adolescentes foi introduzida na legislação do país pela aprovação do Estatuto da Criança e do Adolescente — ECA — em 1990, precedida pelo disposto na Constituição Federal de 1988, em seu art. 227.

É importante ressaltar que dentro dessa doutrina também está previsto o direito à convivência familiar e comunitária, que posteriormente foi mais bem definido no Plano Nacional de Promoção, Proteção e Defesa do Direito de Crianças e Adolescentes à Convivência Familiar e Comunitária (PNCFC), aprovado em 2006 e reforçado na Lei n. 12.009/2010.

Sendo a convivência familiar uma das perspectivas de direcionamento das ações profissionais da/o assistente social na área sociojurídica, consideramos necessário compreender o processo de efetivação da proteção integral, ainda que brevemente, neste capítulo.

As primeiras ações voltadas à proteção especial e à garantia de direitos da infância no âmbito internacional que influenciaram a legislação brasileira, tanto na proteção à infância como à juventude, conforme Valente (2013), datam de 1924, por meio da Declaração de

---

1. Tramitou no Senado Federal o PL n. 634/2022 que alterou a Lei de Alienação Parental (como veremos adiante) e, inicialmente, propunha o não deferimento de guarda compartilhada ao pai que estivesse a sob investigação ou com processo criminal em andamento por prática de violência doméstica ou contra crianças e adolescentes, mas a proposta não foi aprovada.

Genebra sobre os Direitos das Crianças. Esse documento salientava a necessidade de uma atenção específica e protetora para essa população.

Embora universal, a declaração expressava um caráter higienista, no sentido de estabelecer o tipo ideal de indivíduo, controlando hábitos de vida da população, e positivista, com tratamento diferenciado, inferior, às crianças órfãs e abandonadas (Silva, 2010).

Posteriormente, no ano de 1948, quando foi promulgada a Declaração Universal dos Direitos Humanos, na Assembleia Geral da ONU, ainda que tal aspecto não estivesse expresso de forma explícita, os artigos 2º e 3º, ao tratarem de direitos, liberdades e segurança a todos os seres humanos, também manifestavam atenção a crianças e adolescentes.

Em 1959, foi promulgada, pela Assembleia Geral da ONU, a Declaração dos Direitos da Criança, que foi adaptada da declaração anterior, com direcionamento específico para crianças e adolescentes (Silva, 2010). É no segundo princípio que está explícito o direito à proteção especial, bem como o acesso aos serviços que garantam o seu desenvolvimento físico, intelectual, moral e social saudável, sendo reconhecido também o seu direito à liberdade e à dignidade.

No ano de 1989, a Assembleia Geral da ONU aprovou a Convenção sobre os Direitos da Criança, na qual foi expresso, no art. 3º, que os Estados Partes que aprovaram a referida convenção se comprometem a garantir e efetivar o superior interesse da criança.

À essa época, o Brasil já havia incorporado à sua legislação a doutrina da proteção integral à criança e à/ao adolescente por meio da Constituição Federal de 1988, a qual foi reforçada com a aprovação do Estatuto da Criança e do Adolescente, no ano de 1990.

> Art. 227. É dever da família, da sociedade e do Estado assegurar à criança, ao adolescente e ao jovem, com absoluta prioridade, o direito à vida, à saúde, à alimentação, à educação, ao lazer, à profissionalização, à cultura, à dignidade, ao respeito, à liberdade e à convivência familiar

e comunitária, além de colocá-los a salvo de toda forma de negligência, discriminação, exploração, violência, crueldade e opressão (Redação dada pela Emenda Constitucional n. 65, de 2010).

Assim, cabe ao Estado promover programas que visem à assistência integral à infância/juventude, podendo haver a participação de organizações não governamentais. Nesse artigo, também está prevista a garantia de acesso à educação, assim como a proteção ao/à jovem trabalhador/a e o direito à saúde, com diversos programas preventivos e especializados àquelas/es que forem dependentes químicos.

Há também a garantia de direitos às/aos filhas/os, sendo elas/es havidas/os ou não do casamento, ou por adoção, sendo proibidas quaisquer formas de discriminação.

A Doutrina da Proteção Integral expressa na Constituição Federal e no Estatuto da Criança e do Adolescente, bem como na legislação internacional, por meio da Convenção dos Direitos da Criança de 1989, transformou a criança e a/o adolescente em sujeitos de direitos, e não mais menores, como previsto na legislação anterior, Código de Menores de 1979, no qual prevalecia a doutrina da situação irregular.

Dessa forma, os mesmos direitos que estão previstos no art. 5º da CF, quais sejam: à vida, à liberdade, à igualdade, à segurança e à propriedade, e que se seguem em seus termos, são igualmente assegurados às crianças e às/aos adolescentes.

A partir desse conjunto de direitos garantidos por meio da Doutrina da Proteção Integral, teve início um amplo debate acerca da necessidade de instituir o Estatuto da Criança e do Adolescente, o que foi efetivado em 1990.

Conforme Valente (2013), participaram da elaboração do ECA representantes da área jurídica, como juízas/es, promotoras/es, advogadas/os e demais operadoras/es do Direito, representantes das políticas públicas, a exemplo da Funabem e também da Política Nacional de Bem-Estar do Menor, e, no caso da sociedade civil, a representação se deu através da CNBB e por pessoas ligadas ao Movimento Nacional de Meninos e Meninas de Rua, entre outros.

Essa mobilização possibilitou uma importante conquista para as crianças e as/os adolescentes brasileiras/os e, aos 13 de julho de 1990, foi aprovado o ECA. Para a efetivação da proteção integral, segundo Valente (2013), foi proposta a estruturação do Sistema de Garantia de Direitos previsto no ECA em seu art. 86: "A política de atendimento dos direitos da criança e do adolescente far-se-á através de um conjunto articulado de ações governamentais e não governamentais, da União, dos Estados, do Distrito Federal e dos Municípios" (Brasil, 1990).

De acordo com Valente (2013), o Sistema de Garantia de Direitos é o sistema que, organizado e estruturado para funcionamento em rede, deve ser formado por órgãos e instituições, assim como por pessoas e profissionais, compondo três eixos, sendo eles:

a) eixo da promoção de direitos: formado pelas políticas públicas de atendimento, como organizações governamentais e não governamentais voltadas ao público infantojuvenil e à família, quanto ao direito à saúde, educação, assistência social, entre outros;

b) eixo da defesa de direitos: se refere às ações voltadas à responsabilização do Estado, da sociedade e da família para a garantia dos direitos previstos no art. 227 da CF e no ECA ou quando esses direitos não estão sendo efetivados. Participam desse eixo o Ministério Público, as Varas da Infância e Juventude, a Defensoria Pública, os Conselhos Tutelares e outros órgãos;

c) eixo do controle social: nesse eixo, está prevista a participação da sociedade civil por meio de seus representantes e lideranças, por exemplo, com representação em Conselhos municipais e estaduais.

Entendemos que, embora não constem de forma direta, as Varas da Família e Sucessões também fazem parte desse Sistema de Garantia de Direitos no eixo da defesa de direitos, uma vez que, nas ações que envolvem disputa de guarda, regulamentação de visita e alienação parental, consideradas aqui como situações que interferem no exercício da autoridade parental, ou qualquer outro tipo de ação em que estejam em questão os direitos da criança e da/o adolescente, inclusive o de convivência familiar e comunitária, caberá tanto ao MP como ao juízo competente tomar as devidas medidas para garantir esses direitos.

A partir dessa explanação, podemos, então, definir como sendo proteção integral da criança e da/o adolescente a garantia de direitos inerentes à sua condição de pessoa em peculiar situação de desenvolvimento em seus aspectos sociais, psicológicos e biológicos, que devem ser assegurados pela família, pelo Estado e pela sociedade, por meio de políticas públicas efetivas e previstas na Constituição Federal e no Estatuto da Criança e do Adolescente.

1.1.3 A família e o Plano Nacional de Convivência Familiar e Comunitária em seus elementos centrais

De acordo com a legislação brasileira, a família aparece como sendo a instituição capaz de propiciar à criança e à/ao adolescente um espaço de socialização e, ao mesmo tempo, um lugar que assegure desenvolvimento saudável e uma formação cidadã.

Mesmo assim, são inúmeras as famílias que enfrentam dificuldades para cuidar de suas/seus crianças/adolescentes, assim como para protegê-las/os e educá-las/os. Referimo-nos tanto às famílias que se encontram em situação de vulnerabilidade social como àquelas que enfrentam o litígio por meio de disputas de guarda, regulamentação de visitas e, não raramente, partilha de bens.

Se, historicamente, a atenção sobre as crianças e suas respectivas famílias era apenas pela via da assistência social e políticas públicas e, não raramente, com um viés negativo, foi somente a partir do fim nos anos 1980, com a promulgação da Constituição Federal e outras legislações com disposições relativas à família, que se passou a ter uma visão diferenciada, em substituição à antiga, de que crianças e adolescentes em situação de pobreza e, consequentemente, suas famílias tinham direito à justiça e à assistência.

Essa perspectiva permitiu conferir a crianças/adolescentes o *status* de sujeitos de direitos e o reconhecimento da importância da sua vida familiar e comunitária. Na eventualidade do risco de ruptura ou enfraquecimento dos vínculos familiares, cabe ao Estado garantir sua preservação, por meio de ações de apoio social e econômico, no sentido de propor formas de enfrentamento das situações para priorizar a manutenção desses vínculos.

Resultado do envolvimento de diversos atores sociais que se uniram para debater os direitos das crianças e das/os adolescentes, o PNCFC tem como premissa que a sua efetivação se concretizará por meio de ações integradas entre as políticas sociais com foco nas famílias, permitindo o acesso abrangente delas aos serviços de saúde, educação, trabalho, entre outros.

Importante destacar que outros atores sociais também devem ser mobilizados a partir de ações articuladas e coletivas, inclusive com participação social na busca da efetivação da convivência familiar e comunitária, pois:

> A promoção, a proteção e a defesa do direito das crianças e adolescentes à convivência familiar e comunitária envolvem o esforço de toda a sociedade e o compromisso com uma mudança cultural que atinge as relações familiares, as relações comunitárias e as relações do Estado com a sociedade (PNCFC, 2006, p. 23).

O direito infanto-juvenil à convivência familiar e comunitária está claramente expresso na legislação brasileira, como já apontamos anteriormente, nos arts. 226 a 229 da Constituição Federal de 1988, que sinalizam a importância do papel da família em proteger suas crianças e adolescentes, assim como priorizam ações voltadas à família no sentido de coibir a violência intrafamiliar. O art. 227 dispõe que cabe à família e ao Estado "assegurar à criança e ao adolescente o exercício de seus direitos fundamentais". No mesmo sentido, o art. 19 do Estatuto da Criança e do Adolescente:

> Toda criança ou adolescente tem direito a ser criado e educado no seio de sua família e, excepcionalmente, em família substituta, assegurada a convivência familiar e comunitária em ambiente livre da presença de pessoas dependentes de substâncias entorpecentes.

É quando crianças e adolescentes se encontram em situação de risco social que as impeçam de conviver no seio familiar e, sobretudo, quando é a própria família que oferece risco que, em caráter de excepcionalidade, elas são acolhidas institucionalmente ou são inseridas em programas de famílias acolhedoras. Nessas situações, o direito à convivência familiar e comunitária deve ser preservado. Se esgotadas as possibilidades de retorno à família de origem, a adoção, medida última, é aplicada a fim de garantir a convivência familiar.

Interessante notar que o PNCFC tem o foco nas crianças e adolescentes cujos vínculos familiares estejam fragilizados ou já rompidos, mas, num primeiro momento, parece-nos centrado especificamente naquelas que estão em situação de risco e vulnerabilidade social, e não naquelas que estão igualmente em risco de rompimento em função dos conflitos familiares, mas cujas famílias têm um perfil socioeconômico elevado; essas, ao que observamos em nosso exercício profissional, ficam sob os olhares do Poder Judiciário por meio das ações de guarda, regulamentação de visitas e alienação parental.

É por esse motivo que profissionais engajadas/os e comprometidas/os com a garantia da proteção integral devem ampliar a compreensão do que está expresso no Plano, a começar pelo próprio significado de família, que será aprofundado no próximo subtítulo.

No entanto, cabe aqui mencionar que, em seu marco conceitual, o PNCFC está amparado nas legislações, sejam elas brasileiras ou internacionais, que garantem a proteção integral das crianças e adolescentes, proteção aqui entendida como um "direito humano indivisível", ou seja, que em hipótese alguma poderá ser violado.

A família, a sociedade e o Estado, em tese, são os provedores dos direitos, como saúde, proteção do trabalho, liberdade, integridade física, educação, habitação, cultura, lazer, meio ambiente de qualidade, entre outros.

Nessa perspectiva, o próprio Plano aponta a importância do entendimento sobre o que significa família para melhor direcionar as ações voltadas para a garantia da convivência familiar, pois "a compreensão do termo família é basilar para este Plano, assim como a compreensão da criança e do adolescente como sujeito de direito" (PNCFC, 2006, p. 26).

Por exemplo, o art. 226 da Constituição Federal estabelece que "entende-se como entidade familiar a comunidade formada por qualquer um dos pais e seus descendentes". No caso do ECA, o art. 25 traz a definição de família como "a comunidade formada pelos pais ou qualquer deles e seus descendentes".

Embora essas definições demarquem claramente a existência da legalidade dos vínculos pautados na filiação, formando-se assim a "família natural", o próprio PNCFC traz em questão a necessidade de se desmistificar essa estrutura de família, que é, de certa forma, idealizada. Assim, com relação a esse aspecto, o marco conceitual considera família aquela cujos laços de parentesco se dão tanto por consanguinidade como por afetividade.

Há que se compreender a família para além do vínculo parental, sem, com isso, desconsiderar os direitos da criança e da/o adolescente. Entender o significado de família hoje requer que o reconheçamos dentro da diversidade de formas como as famílias vêm se organizando, bem como em qual contexto social, histórico e cultural elas estão inseridas. Necessário partir dessa compreensão que não considera mais aquela concepção de "modelo ideal de família, devendo-se ultrapassar a ênfase na estrutura familiar para enfatizar a capacidade da família de, em uma diversidade de arranjos, exercer a função de proteção e socialização de suas crianças e adolescentes" (PNCFC, 2006, p. 26).

Ainda que esses pontos abordados tenham uma direção, de certa forma, voltada ao direito da convivência familiar e comunitária das crianças em situação de vulnerabilidade e mesmo em situação de acolhimento institucional, consideramos que os aspectos abordados muito contribuem para as análises aqui realizadas, tendo em vista tanto os marcos conceituais que fundamentaram a construção do Plano, quanto a perspectiva de que uma criança afastada de sua família, ainda que seja por parte de uma linhagem, sem que haja motivos plausíveis, poderá terá os mesmos prejuízos em seu desenvolvimento daquelas crianças que estão institucionalizadas e com vínculos rompidos.

Em nossas experiências enquanto profissional e pesquisadora, observamos que nos atendimentos nas varas da família, não raramente, ouvimos de pais e mães como justificativa para manter a criança afastada do outro genitor e da família extensa dele que era a criança que não queria vê-lo, quando, na verdade, esse/a pai/mãe detentor/a da guarda tem o papel de promover a convivência familiar das/os filhas/os que estão sob sua responsabilidade como maneira de preservação dos vínculos, de acordo com o estabelecido pelo ECA.

Cabe ressaltar que, mesmo as crianças/adolescentes tendo direito à liberdade de expressão e opinião (respectivamente presentes nos arts. 15º e 17º), há que se considerar a capacidade delas de decidirem com responsabilidade. Assim, embora a autonomia deva ser preservada, não se pode perder de vista que, nesses casos, há tendências e limites muito variáveis no que se refere ao exercício da liberdade e capacidade relativa.

O ECA vem, em grande parte, para redefinir o papel da família no sentido de promover a proteção integral das crianças e das/os adolescentes por meio do Sistema de Garantia de Direitos proposto.

1.2 Família — aproximações conceituais

1.2.1 A necessidade de um estudo científico e atual

Quando se pensa em família, é comum que as primeiras referências e noções a que recorremos sejam as próprias experiências pessoais, às vezes mesmo em situações profissionais.

Consideramos, entretanto, que no trabalho social com famílias é urgente adotar uma visão que contemple aspectos tanto conceituais como técnicos, estes últimos voltados para o detalhamento das ações práticas. Essas, por sua vez, direcionam a/o profissional para o efetivo exercício da garantia de direitos — no caso deste estudo, o direito à convivência familiar e, também, comunitária.

Discutir a temática da família a partir da produção do Serviço Social parece desafiador, tendo em vista a necessidade de que a profissão aprofunde o debate e a pesquisa sobre o tema a partir das experiências oriundas da prática profissional.

Ainda que o trabalho social com famílias seja historicamente um vasto campo de atuação profissional da/o assistente social, o Serviço Social, de acordo com Campos (2016, p. 202-203), ainda não produziu as necessárias referências conceituais acerca da família, conforme o patamar de respostas às demandas que têm sido colocadas em nossa prática. A autora afirma: "Acredito em formas de renovação, a partir do debate aberto sobre questões mal resolvidas em nossas áreas de pesquisa e demais práticas".

O fato de ser um tema complexo para pesquisar e estudar, inclusive do ponto de vista metodológico, conforme a autora aponta, requer, por parte da/o profissional/pesquisador/a, uma análise crítica e apurada que considere os aspectos e as transformações pelas quais as famílias estão passando nos últimos anos. Gueiros (2002, p. 127) também aponta essas lacunas quando afirma que:

[...] tal temática é complexa, quer do ponto de vista teórico-metodológico e ético, quer em sua dimensão técnico-operativa, inclusive porque pensar em família implica transcender a noção do que é individual para assumir uma concepção relacional, pois se trata de interação entre um conjunto de indivíduos.

A este respeito, Fuziwara (2013, p. 534) aduz que "é fundamental romper com o discurso de que o debate sobre a família e a infância seja voltado para o conservadorismo, ou que sejam acessórias". Embora seja um assunto relacionado ao surgimento do SS enquanto profissão e inicialmente com ações marcadamente voltadas ao ajuste e ao controle da família para atender ao interesse da burguesia, isso não significa que o Serviço Social deve se distanciar do tema.

Alencar (2011) considera um equívoco que, por tantos anos, a profissão tenha deixado o tema família fora do debate da categoria. Entretanto, recentemente a discussão tem ganhado espaço, o que abre possibilidades para a superação das práticas conservadoras.

Vale lembrar que ultrapassar tais práticas e uma visão limitada e conservadora em relação à família exige que a/o profissional tenha clareza sobre a relevância do projeto ético-político do Serviço Social, porque ele é o norteador de nossas ações, seja qual for o espaço sócio-ocupacional em que estivermos inseridos.

Sendo o Código de Ética do/a Assistente Social o principal aparato e instrumento jurídico-normativo, todas/os as/os profissionais que compreendem e assimilam seus valores, em tese, devem estar livres de preconceitos e concepções pessoais opostas que possam limitar o trabalho. No caso da área sociojurídica, por exemplo, há a importância da devida atenção às demandas apresentadas pelas famílias atendidas.

Foi por esse motivo que, pesquisando a temática da AP a partir da perspectiva e da prática do/a assistente social, propusemo-nos a desenvolver, neste capítulo, uma reflexão sobre a família de forma a estabelecer o embasamento teórico para as análises que surgirão quanto à prática profissional.

1.2.2 A família como tema de estudo e prática do Serviço Social — aproximações iniciais

Em sua gênese, o trabalho técnico focalizado na família assume, no Brasil, um viés positivista e conservador.

As/Os assistentes sociais, entre outras/os profissionais, iniciam suas primeiras intervenções no final da década de 1940, marcadas por características voltadas predominantemente ao controle do operariado e de suas famílias (Iamamoto, 2001; Yazbek, 1999). No dizer de Silva (1987, p. 34), o Serviço Social surgiu, historicamente:

> [...] para responder à demanda de uma determinada ordem social, sendo-lhe atribuída a função de "assistência" às camadas populares, que se viam impedidas de uma integração — tida como "harmoniosa" — ao conjunto da sociedade.

Assim, no Brasil, o Serviço Social se apresenta originalmente com a perspectiva de uma ação profissional voltada, em última instância, para o atendimento às demandas da sociedade brasileira em que o capitalismo se afirmava no período de crescimento industrial inicial, monopolista.

Traçando aqui um quadro sumário do desenvolvimento da profissão, foi a partir da década de 1960 que, em um contexto de significativas mudanças políticas e econômicas globais, mais especificamente na América Latina, a profissão passou a questionar as teorias e práticas remanescentes do passado. Organizou-se, assim, no interior da profissão, o denominado Movimento de Reconceituação, que produziu coletivamente críticas às práticas das/os assistentes sociais e aos referenciais teóricos que eram a base da profissão. Esse momento coincidiu com o contexto político brasileiro daquela época, pois movimentos sociais nacionais também passaram a questionar o que acontecia no âmbito da política e da economia.

Influências do marxismo começaram a modificar as bases teóricas da profissão, contribuindo para o processo de tomada de consciência e mobilização da categoria profissional (Iamamoto, 2001; Silva, 1987).

Embora não tenha sido uma mobilização desenvolvida de maneira uniforme em todo o país, haja vista as diferentes tendências, tornou-se possível o início do rompimento com as práticas imediatistas e ajustadoras anteriores. Mesmo com as mudanças que foram se adensando no interior da profissão, Silva (1987), ao final do estudo realizado sobre a percepção de família que orienta a prática profissional, concluiu que os discursos das/os assistentes sociais sobre a família se revelavam frágeis e pautados no senso comum.

A referida autora destaca alguns dos registros de depoimentos de pessoas entrevistadas quando procuram se aproximar das características da família — uma delas comenta que, além de pai, mãe e filhas/os, as/os avós maternas/os e paternas/os constituem a família.

Outra assistente social enfatiza a "completa harmonia" e o "ajuste bem equilibrado num padrão normal para a gente" entre o pai, a mãe e as/os filhas/os como condições de existência da família. No entanto, ainda considera como família quando só existem "o pai ou a mãe e os filhos, ou só as crianças no caso da morte do pai" (Silva, 1987, p. 75-76).

> Não sei explicar esse negócio, não... Considero a família composta pelo pai, mãe e filhos. Também os avós paternos e maternos constituiriam a família. Não sou muito de considerar outros parentes (Marcinha, p. 75).

> Família é aquela onde vive o pai, a mãe e os filhos em completa harmonia, num ajuste assim equilibrado, num padrão normal para a gente. Também é família quando só tem o pai ou a mãe e os filhos, ou só as crianças, no caso da morte do pai (Marta, p. 76).

Para uma terceira entrevistada, família é "um grupo de pessoas ligadas por laços de parentesco", sob a condição de "envolver uma série de sentimentos (amor, amizade, sentimentos de grupo) — porque os sentimentos mais fortes têm que estar na família" (Andreia, p. 76).

Esses testemunhos permitem a observação de diversos fatores relacionados à visão da família por parte de algumas/uns profissionais, bastante associada ao "senso comum" e baseada em valores pessoais e compatíveis com um modelo burguês e de reprodução da ideologia da classe dominante. Essa realidade ainda parece estar presente nos discursos de algumas/uns assistentes sociais, em que pesem os mais de 30 anos passados entre essa época e a realização da presente pesquisa.

Acreditamos que pensar a família a partir de um único modelo consiste em um equívoco, sobretudo se esse parâmetro parte das próprias concepções familiares, pois é grande o risco de achar, por exemplo, que obrigatoriamente as pessoas se ajudam mutuamente, como no caso anteriormente descrito.

1.2.3 Serviço Social e família — em busca de referenciais

As considerações anteriores acerca das relações entre o campo da ação e o estrito plano teórico sobre a posição da família dentro do Serviço Social apontam que esse debate é uma barreira a ser superada.

Encontra-se aí um desafio para identificar, no plano da intervenção, parâmetros técnicos que se articulem a concepções e referenciais teóricos amplos que adotamos tradicionalmente.

Há resistências a atualizações e mudanças, justificadas ou não, que se fazem presentes entre pesquisadoras/es e profissionais do Serviço Social cotidianamente envolvidos tanto na reflexão quanto na ação de campo.

Neste estudo, direcionado a uma área de trabalho que requer a compreensão da intersecção entre as áreas do Direito, Serviço Social e Psicologia, torna-se evidente a importância de uma visão apurada diante da atuação constante em processos de ruptura e litígio.

Para ampliar a compreensão sobre a temática, consideramos necessário o reconhecimento das diferenças entre teorias, tempos e objetivos que caracterizam as/os diferentes pensadoras/es sobre a situação e desenvolvimento da família e suas concepções.

1.2.4 A concepção de família enquanto instrumento da Política Social

Tomemos, de início, as expressões atuais sobre o conceito de família, muito próximo à profissão, essa, por sua vez, situada no contexto relativo à política social e ao trabalho com ela. Quando utilizada nesse campo, a definição de família é determinada, por um lado, pela concepção interna ao grupo familiar e, por outro, em sua relação com a sociedade.

Conforme Campos (2016), nos últimos tempos, a família tem ressurgido como de suma importância para a proteção e integração de seus membros na sociedade. Todavia, a política social não tem tido o devido alcance no sentido de garantir direitos, ao contrário, a família tem sido considerada capaz de prover suas necessidades sem o auxílio do Estado. Daí a expressão "familismo" que, segundo Campos (2016, p. 202), consiste na:

> [...] exigência de um esforço intenso da parte dos familiares adultos — em especial da mulher-mãe —, desproporcional, em face de suas possibilidades — na prestação de cuidados até então incluídos nos sistemas de proteção social pública, e decidida como obrigatória no âmbito das definições desses mesmos sistemas.

Mioto (2016) também define familismo, apontando que essa tendência é historicamente naturalizada e tem importante rebatimento na efetivação das políticas públicas. Para a autora, o "familismo/familiarismo se caracteriza como atribuição de maior responsabilidade das unidades familiares pelo bem-estar de seus membros" (Mioto, 2016,

p. 223), havendo intervenção por meio das políticas sociais apenas se a família tiver dificuldades no desempenho de suas funções, ou seja, de acordo com o princípio da subsidiariedade[2].

Nesse sentido, para essa autora, o desafio do trabalho social com famílias é a superação dos dilemas existentes entre a defesa de direitos e a promoção do controle social, visando ao exercício da cidadania diante do traço familista da política social atual. O fato de ser um dilema pouco debatido pelas/os profissionais pode levar à judicialização dos direitos sociais e, muitas vezes, ao direcionamento por meio de medidas judiciais que nem sempre expressam um caráter coletivo de cidadania.

Concordamos com Mioto (2016, p. 227) quando afirma que o trabalho social com famílias "prioriza o trabalho no campo da avaliação, articulação e efetivação de políticas sociais e a pressão em mudanças significativas no âmbito dos serviços sociais". Essas mudanças devem, de fato, suprir as necessidades dessas famílias, em vez de provocar desgastes.

Mioto e Lima (2005, p. 3) explicam que a centralidade na família tem como principal objetivo a redução das responsabilidades e compromissos do Estado com relação à família, pois "a família através da divisão social do trabalho e responsabilidades entre gênero e gerações e com sua assimétrica de interdependências constitui-se em parceria explícita com o Estado de Bem-estar Social".

Segundo as autoras, ações de políticas públicas visando ao fortalecimento das famílias de acordo com a perspectiva da matricialidade sociofamiliar[3] têm sido frequentes.

---

2. O princípio da subsidiariedade, conforme Marcoccia (2006), tem um sentido dualista, na medida em que propicia que a sociedade busque as suas próprias soluções diante das adversidades, sem a intervenção do Estado, mas, por outro lado, propicia medidas estatais intervencionistas apenas quando estritamente necessário. Para aprofundamento desse assunto, sugerimos a leitura do artigo: MARCOCCIA, R. M. O princípio da subsidiariedade e a participação popular. *Serviço Social & Sociedade*, São Paulo: Cortez Editora, n. 86, p. 90-121, 2006.

3. Ver, a propósito, o verbete explicativo dessa expressão constante no recente *Dicionário crítico: política de assistência social no Brasil*, organizado por Fernandes e Hellmann (2016),

A matricialidade sociofamiliar é um conceito específico da Política Nacional de Assistência Social (PNAS) e um de seus eixos estruturantes, ao lado da territorialização (Teixeira, 2013). Sendo uma diretriz dessa política, essa terminologia tem sido constantemente utilizada nas discussões que envolvem o debate sobre família.

Conforme Teixeira (2013), o texto da PNAS/2004 traz ambiguidades no que se refere à matricialidade sociofamiliar, pois ora reconhece as vulnerabilidades das famílias diante das possíveis interferências de ordem política, socioeconômica e cultural, ora a reconhece como um *locus* privilegiado em que a proteção e a socialização de seus membros são insubstituíveis.

Seguindo este raciocínio, Campos e Mioto (2016, p. 174) expõem como se dá a concepção dualista sobre o lugar que a família ocupa no sistema de proteção social: "uma [concepção] que assume a centralidade da família, apostando na sua capacidade imanente de cuidado e proteção", em que a família se responsabiliza por prover as condições materiais e afetivas, reafirmando a ideia de que ela tem papéis a cumprir, com menor intervenção do Estado.

Já a outra concepção aponta que "a capacidade de cuidado e proteção da família está diretamente relacionada à proteção que lhe é garantida através das políticas públicas" (Campos e Mioto, 2016, p. 175), como o acesso a trabalho, saúde, educação, entre outros, desde que sejam constatadas suas dificuldades em prover tais aspectos.

Essa concepção dualista a respeito da família também pode estar presente em outros espaços para além daqueles que são alvos diretos da política social, a exemplo do trabalho social com famílias em litígio, pois ora a família é tida como aquela capaz de definir e estabelecer as suas próprias formas de relações parentais, ora se reconhece a necessidade de o Estado interferir nessas mesmas relações por meio de leis, a exemplo da Lei de Alienação Parental, como veremos adiante.

---

publicado pela UFRGS. Editora e Coleção CEGOV, em 2016. Disponível em: https://www.ufrgs.br/cegov/files/pub_70.pdf. Acesso em: 23 mar. 2022.

Em vários documentos da Política Social em curso aparecem definições de família e procedimentos fixados para o trabalho com ela.

Na Norma Operacional Básica do Sistema Único de Assistência Social — NOB/SUAS —, especificada dentro da proteção social, o significado de família aparece "como núcleo básico de sustentação afetiva, biológica e relacional" (Brasil, 2005).

Para Sierra (2011), esse entendimento de família pela NOB prioriza a identidade como referência para as pessoas, além de valorizar e preservar os sentimentos entre as pessoas.

Na perspectiva da Política do Programa Bolsa Família — PBF — (Brasil, 2006), a família é vista como sendo uma "unidade nuclear, eventualmente ampliada por outros indivíduos que com ela possuam laços de parentesco ou afinidade, que forme um grupo doméstico, vivendo sob o mesmo teto e que se mantém pela contribuição de seus membros".

Tal interpretação serve como parâmetro para a concessão do benefício "Bolsa Família", a fim de verificar se as pessoas que ocupam a mesma residência pertencem a uma única família ou se constituem mais de um núcleo familiar.

1.2.5 A perspectiva da família a partir do Materialismo Histórico

Consideramos necessário recuperar, aqui, a formação histórica da família, buscando conceitos que se aproximem da perspectiva histórico-crítica e, ao mesmo tempo, que possam afastar um viés eclético, que poderia distorcer a realidade que pretendemos apresentar sobre o trabalho com famílias e a alienação parental.

De acordo com Sierra (2011), um dos aspectos discutidos pela teoria marxista é a supremacia do homem. Segundo ela, a partir das visões de Marx e Engels, é estabelecida a divisão da sociedade em classes e descortinado o desenvolvimento das condições econômicas que levaram ao surgimento da família monogâmica[4] como forma de garantir a propriedade privada capitalista. Para os teóricos, prevalecem o individualismo e o poder masculino por meio do casamento monogâmico.

Conforme Engels (2012), a família monogâmica surgiu entre a fase média e superior da barbárie. Tendo como base o predomínio dos homens em relação às mulheres, a sua finalidade era a procriação das/os filhas/os de forma que a paternidade fosse indiscutível, uma vez que, sendo herdeiros legítimos, seria garantida a propriedade privada através das gerações.

A monogamia, nessa ordem, não era para unificar o homem e a mulher, nem uma forma mais elevada do matrimônio, pois "surge sob a forma de escravização de um sexo pelo outro, como proclamação de um conflito entre os sexos, ignorado, até então, na pré-história" (Engels, 2012, p. 87).

Para Sierra (2011), foi através da separação estabelecida entre o homem e a mulher quanto à criação das/os filhas/os que houve a primeira divisão de trabalho. O casamento monogâmico se constituía tanto pela posição social de ambos como por conveniências.

De acordo com Engels (2012, p. 87),

> [...] o primeiro antagonismo de classes que apareceu na história coincide com o desenvolvimento do antagonismo entre o homem e a mulher na monogamia, e a primeira opressão de classes, com a opressão do sexo feminino pelo masculino. A monogamia [...] é a forma celular da sociedade civilizada, na qual já podemos estudar a natureza das contradições e dos antagonismos, que atingem seu pleno desenvolvimento nessa sociedade.

Dessa forma, foi com a imposição da monogamia que "a família patriarcal se organiza em torno da propriedade privada e do controle

---

4. Até o desenvolvimento da família como a conhecemos hoje, existiram muitas outras formas de constituição, que são descritas detalhadamente na obra de Engels (2012) e de maneira mais sucinta por Sierra (2011), cuja leitura sugerimos.

da condição feminina. À mulher fica reservado o espaço doméstico e o cuidado com as crianças; aos homens, o espaço público" (Sierra, 2011, p. 25).

Conforme Marx (*apud* Engels, 2012), na família patriarcal os homens tinham o poder nato de mudar as coisas, alterando nomes e encontrando saídas para romper com a tradição sem sair dela, sempre que um interesse direto lhe propiciasse:

> [...] o desmoronamento do direito materno foi a grande derrota histórica do sexo feminino em todo o mundo. O homem apoderou-se também da direção da casa; a mulher viu-se degradada, convertida em servidora, em escrava da luxúria do homem, em simples instrumento de procriação. Essa degradada condição da mulher manifestada sobretudo entre os gregos dos tempos heroicos e, ainda mais, entre os dos tempos clássicos, tem sido gradualmente retocada, dissimulada e, em certos lugares, até revestida de formas de maior suavidade, mas de maneira alguma suprimida (Engels, 2012, p. 77-78).

Sierra (2011) aponta que Engels trouxe importantes críticas ao casamento monogâmico, não por recusá-lo, mas pelos impactos negativos sobre as mulheres. O casamento propunha a igualdade de direitos, inclusive no que se refere à participação na reprodução social. Para as mulheres das famílias proletárias, as grandes indústrias abriram caminhos, mas, participando ou não da produção social, as mulheres foram condenadas à escravidão doméstica — "na família, o homem é o burguês e a mulher representa o proletário" (Engels, 2012, p. 97).

Além das questões políticas e econômicas, segundo a autora, desde os primórdios, a família esteve ligada à religião, ou seja, à crença e ao culto aos mortos. Também foi a partir da visão religiosa que o patriarcado se sedimentou, pois, além de serem perpetuados os valores vigentes, o homem aparece como figura central e suprema. À mulher cabe a submissão, devendo seguir os caminhos ditados pelo homem.

Quando nos remetemos à família brasileira, efetivamente observamos que, historicamente, o poder do homem sobre as mulheres foi, e ainda é, marcante e respaldado pela legislação, como já vimos no início deste capítulo. Conforme lembra Bruschini (1990, p. 52):

> [...] o patriarcado é um sistema sociopolítico que subjuga as mulheres tanto na esfera da produção material, mantendo-as em ocupações secundárias e mal remuneradas, quanto na esfera da reprodução dos seres humanos, controlando sua sexualidade e subordinando-as à prestação de serviços domésticos aos membros da família.

No patriarcado, segundo a referida autora, as mulheres são controladas em sua sexualidade e subjugadas na esfera da produção material, pensamento esse que se aproxima das análises de Engels (2012).

Já de acordo com Corrêa (1994), no Brasil, a família patriarcal apresenta características das regiões agrárias, especialmente aquelas onde há produção de açúcar. Nessa lógica, o modelo, em linhas gerais, estaria mais associado às famílias nos moldes burgueses do que àquelas das camadas populares.

Fato é que a mulher, assim como as/os filhas/os, estava sob o controle masculino, inclusive sob o aspecto legal. O Código Civil de 1916, por exemplo, dava garantias legais aos interesses do homem no sentido de que prevalecessem sobre os daquelas/es que eram a ele subordinadas/os.

Mesmo em pleno século XXI e com as conquistas das mulheres ao longo dos anos, pensando especificamente na realidade brasileira, muitas mulheres ainda permanecem vivendo a tal "escravidão doméstica" (Engels, 2012),[5] seja aquelas que se dedicam exclusivamente à família e à maternidade, seja as que escolheram casar, ter filhas/os e exercer uma atividade profissional, e são oriundas das camadas populares.

---

5. Ainda que a Constituição Federal de 1988 tenha garantido a equidade entre homens e mulheres.

1.2.6 A família definida pela sua estrutura e/ou pelas relações internas e externas incluídas no seu núcleo vital

Com relação à formação da família, Szymanski (2002) lembra que não é a estrutura familiar (por exemplo, mãe, pai e filhas/os e avós articulados) que define seguramente como se darão as relações e os modos de cuidar dentro dela. Ou seja, várias famílias podem ter a mesma configuração, mas, ao mesmo tempo, diferentes vivências, histórias de vida e situações sociais que podem dar outra direção à forma como os membros se relacionam e se apoiam em termos de diferentes moldes de organização.

Vignoli (2007), em sua dissertação de mestrado, identificou que apesar de a discussão teórica sobre família como campo de atuação do Serviço Social ainda não ter sido aprofundada, durante a atuação profissional as/os assistentes sociais continuam observando, na prática cotidiana, a manutenção da transferência de responsabilidades às famílias, especialmente nas camadas populares. Nesse sentido, concordamos com a autora quando afirma que:

> Ao se pensar na família, na atualidade, temos que considerar as transformações sociais que estão ocorrendo de maneira geral na sociedade, afetando a dinâmica familiar como um todo e, de forma bem particular, cada família conforme sua composição, história e pertencimento social (Vignoli, 2007, p. 96).

Sierra (2011) aponta que as transformações que vêm ocorrendo nas famílias ao longo do tempo, religião e crenças continuam ligadas às concepções de família, por exemplo, no reconhecimento da família como sendo formada apenas a partir da relação entre um homem e uma mulher[6].

---

6. Na Constituição Federal de 1988, a família aparece no art. 226 como sendo "a base do Estado", recebendo desse especial proteção através do casamento civil, entendendo-se que é reconhecida apenas a união heterossexual, conforme os § 3º e 5º, pois o Estado reconhece e

Essa interpretação limita a atuação profissional, especialmente pelo fato de que as uniões homoafetivas têm tido cada vez mais reconhecimento social e jurídico. Desde 2011, casais homoafetivos conquistaram a possibilidade de oficializar a união mediante a declaração de união estável ou do casamento civil[7] e isso tem sido frequente, também, no caso de adoção de crianças e adolescentes[8].

Conforme Sierra (2011, p. 2), "família é uma instituição que também é produtora de sentido. Não é o espaço privado em contraposição ao público, mas [tem] participação ativa no processo de produção de cultura". Na perspectiva gramsciana,

> [...] a família é um aparelho privado de hegemonia, comportando, em seu interior, disputas e conflitos, compreendidos numa conjuntura mais ampla. Independente da classe social, elas compartilham a mesma cultura, mas possuem diferentes estilos de vida (Sierra, 2011, p. 2).

Ainda de acordo com a autora, a família é o lugar em que se propicia a mediação entre o indivíduo e a sociedade, assim como também é o lugar de afeto e de solidariedade. Nesta perspectiva, a família tem importante contribuição, pois ainda que possa se tornar um espaço de conflitos ou disputa, possibilita o convívio social.

Mesmo que a família nuclear, em sua composição original, não seja mais tão frequente na sociedade, é no seio familiar que, em geral, a pessoa nasce e inicia o seu processo de socialização, quando a perspectiva da união se define sobre laços consanguíneos:

---

protege as uniões entre homens e mulheres, da mesma forma que assegura que os direitos e deveres são igualmente exercidos por ambos.

7. Em maio de 2011, ministros do Supremo Tribunal Federal (STF), ao julgarem a Ação Direta de Inconstitucionalidade (ADIn) 4277 e a Arguição de Descumprimento de Preceito Fundamental (ADPF) 132, reconheceram a união estável para casais do mesmo sexo, tornando-se jurisprudência. Disponível em: https://www.lfg.com.br/conteudos/artigos/geral/projeto-de-lei-tenta-consolidar-uniao-estavel-homoafetiva-no-brasil. Acesso em: 23 mar. 2022.

8. As regras para adoção, regidas pelo ECA, não fazem menção ou referência ao sexo das/os adotantes. Apenas que sejam casados civilmente ou tenham união estável.

Da convivência com os adultos é que as crianças aprendem a reproduzir os padrões culturais vigentes e, da família, ela recebe uma referência que acompanhará o seu desenvolvimento pessoal. Positiva ou negativa, essa referência se manterá (Sierra, 2011, p. 7).

A respeito da família mononuclear, Sierra entende que ela não expressa uma estrutura de família que surge conforme a natureza humana, mas como um modelo que atende aos interesses da propriedade privada e, nessa perspectiva, não responde necessariamente aos interesses da mulher e das crianças. Ao contrário, o que se aponta para ela parece ser algo inatingível, dada a opressão que sempre sofreu no ambiente doméstico, impossibilitando o desenvolvimento de suas individualidades (Sierra, 2011).

Em nossa prática cotidiana, ainda é possível nos depararmos com esse modelo reproduzido pelas gerações mais recentes. Pessoas jovens deixam frequentemente transparecer um discurso conservador sobre como deveriam ser as relações, em especial por parte dos homens, os quais não raramente atribuem o fim da relação conjugal às ex-companheiras, culpabilizando-as pelo fato de terem iniciado uma atividade profissional ou retomado os estudos, por exemplo, quando na verdade estão buscando a conquista de sua autonomia e crescimento pessoal, ou seja, de sua individualidade.

Segundo Sierra (2011), sob a perspectiva de Gramsci, a família não só incorpora, mas também desenvolve e reforça os valores de ordem social, refletindo os valores culturais presentes nas relações familiares.

Em nossas vivências profissionais, observamos que, quando as famílias não correspondem ao modelo (burguês), ficam na berlinda das políticas sociais, especialmente as famílias das camadas populares sob a perspectiva da matricialidade sociofamiliar.

Para Sierra (2011), as questões anteriormente apontadas tanto reforçam a ideia de que esse modelo seria um consenso, como também possibilitam o surgimento de conflitos contemporâneos, dadas as aspirações individuais em substituição aos conflitos geracionais.

Ainda que se fale em diferentes modelos de família, essas características que, incorporadas ao longo do tempo, e pautadas na hegemonia burguesa que prevalece atualmente, além de serem geradoras dos "conflitos contemporâneos", podem nos levar à interpretação de que esses também seriam os motivos que têm levado ao que Sierra (2011) denomina enfraquecimento da família, tendente a avançar na mesma proporção em que se instala o individualismo.

Contraditoriamente, a família tem sido cobrada tanto pela proteção integral de seus membros, como pelo desenvolvimento de autonomia e individualidade, o que não lhe tem sido garantido por meio da oferta de condições mínimas. Prioriza-se a individualização sem que sejam oferecidas às famílias, especialmente as das classes populares, políticas públicas nas áreas de habitação, saúde, educação, trabalho, transporte, dentre tantos outros direitos constitucionais.

Campos (2015, p. 23) chama a atenção para esse caráter contraditório, pois, ao mesmo tempo que é valorizado o seu protagonismo, a autora entende que seria, de fato, uma responsabilização sobre a família: "parece contraditória a simultaneidade da atribuição do caráter universal do direito à cidadania a tal política e a responsabilização ampla da família em seu desenho e desenvolvimento".

Diante desses dilemas, concordamos com Gueiros (2002) quando aponta a importância de que a/o profissional compreenda o papel que tem sido destinado às famílias nas políticas sociais.

Por isso, conforme Teixeira (2013), cabe à/ao profissional romper com visões pautadas no senso comum, que consideram a família eterna em sua configuração interna.

Na contemporaneidade, a visão sobre as famílias é reveladora, funcionando com o sentido de indicar se a/o profissional está atenta/o às profundas transformações pelas quais elas passaram nas últimas décadas.

Para compreender como se dão as relações familiares, consideramos fundamental que a família seja foco de uma contextualização no espaço macro em que essas relações se dão e em que medida o espaço público tem interferido na dinâmica das famílias, especialmente as das camadas populares.

Neste caminho, a definição de família por Mioto (1997), com a qual concordamos, contempla a realidade da maioria das famílias que são alvo das intervenções das/os assistentes sociais. Para a autora, "a família pode ser definida como um núcleo de pessoas que convivem em determinado lugar, durante um lapso de tempo mais ou menos longo e que se acham unidas (ou não) por laços consanguíneos" (Mioto, 1997, p. 120).

Tal concepção não toma a análise sobre a família como um meio de reprodução de discursos ancorados em visões estritamente pessoais do tipo "deve ser".

Ao contrário, considera aspectos mais amplos, aqueles que devem ser cuidadosamente avaliados pelas/os assistentes sociais, seja qual for seu espaço sócio-ocupacional. Nas palavras de Teixeira (2013), essa concepção leva em conta a relação afetiva estabelecida pelas pessoas que convivem juntas, sendo independente das relações de consanguinidade.

Na concepção de Bruschini (1990, p. 32), famílias "são grupos de procriação e de consumo, lugar privilegiado onde incide a divisão sexual do trabalho, em função do qual determina-se o grau de autonomia ou subordinação das mulheres".

Com base na perspectiva marxista, a autora aponta que, enquanto ao homem foi propiciado o usufruto de uma vida social ampla e do espaço público, às mulheres couberam a vida doméstica e o espaço privado. Isso sob a alegação de diferenças biológicas e dependência dos bebês às mães, condicionando a vida da mulher aos papéis de mãe e esposa. Prosseguindo nesta mesma perspectiva:

> A família, para esta linha de pensamento, seria um grupo social voltado para reprodução da força de trabalho, no qual os membros do sexo feminino se encarregariam da produção de valores de uso na esfera

privada, cabendo aos homens a produção de valores de troca, por meio da venda de sua força de trabalho no mercado. Portanto, a família ocuparia o papel de uma instituição mediadora entre o mercado de consumo e o de trabalho, consumindo os bens adquiridos no primeiro, e onde ocorreria a reprodução da força de trabalho para o segundo (Bruschini e Ricoldi, 2008, p. 64).

Seguindo a linha sócio-histórica, Rocha-Coutinho (2006) afirma que no conceito de família estão presentes discursos sociais e ideológicos próprios do meio no qual o grupo está inserido.

A pesquisadora chama a atenção para a importância de que a família seja compreendida para além das relações consanguíneas, como um espaço no qual as pessoas de distintos sexos e idades possam estabelecer direitos e deveres a partir de uma dinâmica própria, e não apenas se comportem como uma somatória de indivíduos. Nesse sentido,

> A família deve ser entendida em sua complexidade e discrepância de interesses, necessidades e sentimentos. Deve, assim, ser apreendida não só em suas funções — econômicas, ideológicas, reprodutivas e sociais —, como também em todas as suas contradições internas. Além disso, a família está inserida no meio social que a circunda e em um tempo histórico determinado, não podendo ser entendida fora deles. Por estar carregada de ideologia da sociedade na qual se encontra, constitui importante ponto de referência para a construção de identidades sociais (Rocha-Coutinho, 2006, p. 97).

Embora a abordagem sistêmica não seja a perspectiva em que nos baseamos, apresentamos algumas discussões sobre família nessa perspectiva, a título de contribuição para o debate.

Na linha sistêmica, contamos com a definição de Barbosa e Castro (2013, p. 32): "a família constitui-se um sistema aberto em transformação, cujos elementos se inter-relacionam e exercem influências recíprocas que os definem e definem a própria família". À medida que a família cria a sua identidade, os membros vão também criando a sua identidade individual.

Para Barbosa e Castro (2013), cada indivíduo tem um papel que se alinha a um ou outro familiar, assumindo posições hierárquicas e criando regras horizontais entre irmãos e irmãs e verticais desses com os pais e mães. Novos e velhos papéis são decifrados na perspectiva sistêmica.

Reis (2004 *apud* Barbosa e Castro, 2013, p. 25) define que "família é uma instituição criada pelos homens em relação, que se constitui de diferentes formas em situações e tempos diferentes, para responder às necessidades sociais". Com base nas autoras, aponta que o conceito de criança também foi se modificando e, na mesma proporção, ela foi conquistando seu espaço na sociedade e se tornando sujeito de direitos em situação peculiar de desenvolvimento.

É no século XX que o amor passa a ser valorizado no casamento. Nesse período, as mulheres de maneira gradativa vão se inserindo no mercado de trabalho (Bruschini, 1998) e conquistando independência financeira, o que repercute na vida familiar, posto que elas passam, então, a ter poder de decisão em vários aspectos de sua vida pessoal.

A relação com o homem ganha outros contornos, pois o poder dele sobre a mulher já não é mais o mesmo. Por outro lado, a mulher continua acumulando tarefas domésticas e cuidados com as/os filhas/os, embora, com o passar do tempo, os homens passem a também exercer os cuidados diretos sobre as/os filhas/os, interferindo de maneira substantiva na educação delas/es.

Com essas significativas mudanças e o aumento no número de divórcios, a família passa a se recompor por novas uniões, surgindo a paternidade e a maternidade socioafetivas. Além de o pai assumir uma nova posição, surge também o "cuidador", que é quem cuida da criança, dando a ela afeto, carinho e educação, sem ser, necessariamente, o pai ou a mãe. Podem ser os avós, um padrinho, uma madrinha, outro/a familiar ou, ainda, pessoas próximas.

Barbosa e Castro (2013, p. 28) consideram que "a família ideal passou a ser aquela capaz de zelar, da melhor maneira possível, pelo bem-estar, o desenvolvimento de seus membros, sobretudo da criança".

No entanto, mesmo com todas estas mudanças, a mulher ainda permanece sendo cobrada pelos seus papéis maternos da mesma forma que os homens ainda são vistos como provedores. O homem que provê e cuida das/os filhas/os é um diferencial, mas a mulher não tem o mesmo reconhecimento que o homem, embora acumule as mesmas tarefas e até mais, quando não conta com o apoio de uma figura masculina (Barbosa e Castro, 2013).

A partir das concepções aqui apresentadas, que nos levam a refletir sobre as múltiplas realidades e versões sobre a família e sobre a posição do Serviço Social, concebemos que família é o *locus* social no qual o sujeito de direitos consegue estabelecer relações afetivas de confiança e apoio mútuo, sem que haja necessariamente vínculo consanguíneo e as formalidades do casamento. Essas relações envolvem aspectos culturais que variam conforme o tempo histórico e a sociedade onde estão inseridas.

Essa família (com ou sem laços sanguíneos) na qual as pessoas se identificam e se apoiam mutuamente pode, entretanto, em algum momento, ter as relações fragilizadas, o que não significa, necessariamente, que os laços estejam rompidos: há momentos de distanciamento e aproximação. Mesmo com esta dinâmica plena de incertezas, entende-se aqui que o direito à convivência familiar deve ser sempre garantido.

Enfim, essa perspectiva de análise da família desenvolvida a partir da preeminência do grupo familiar, de seu poder de demonstração da realidade contida na conformação das relações internas e externas que se apresentam, ocupa um lugar bastante importante dentro do estudo da família.

A pesquisa realizada identificou sua relevância, especialmente nas áreas do Direito e do Serviço Social, contribuindo para os estudos que se seguirão no próximo capítulo a respeito da alienação parental.

Capítulo II

Alienação parental — Do surgimento de um "fenômeno"[1] à construção de uma lei

2.1 Alienação Parental — a construção de um "fenômeno" social

Como já anunciado, a alienação parental é um tema que tem sido largamente discutido, sobretudo no âmbito da Justiça, essencialmente a partir dos anos 2000.

As primeiras discussões a propósito da alienação parental foram impulsionadas pelo psiquiatra norte-americano Richard Gardner[2]

---

1. Optou-se por mencionar "fenômeno" (entre aspas) com o objetivo de remeter a algo que impressiona, chama a atenção para ter reconhecimento ou visibilidade. De acordo com o *Dicionário on-line de português*, fenômeno é "tudo o que está sujeito à ação dos nossos sentidos, ou que nos impressiona de um modo qualquer (física, moralmente etc.)". Disponível em: https://www.dicio.com.br/fenomeno/ Acesso em: 23 mar. 2022.

2. Richard Gardner (28.04.1931 —25.05.2003) foi um psiquiatra que, além de cunhar e difundir a definição da SAP, teve publicações sobre temas polêmicos nos quais ele seria tolerante à pedofilia. Noticia-se que a sua tese a respeito da SAP foi desenvolvida para defender ex-combatentes que

(2002) em 1985, que a apresenta como sendo uma síndrome, a Síndrome da Alienação Parental (SAP). Ele afirma que:

> A Síndrome de Alienação Parental (SAP) é um distúrbio da infância que aparece quase exclusivamente no contexto de disputas de custódia de crianças. Sua manifestação preliminar é a campanha denegritória contra um dos genitores, uma campanha feita pela própria criança e que não tenha nenhuma justificação. Resulta da combinação das instruções de um genitor (o que faz a "lavagem cerebral, programação, doutrinação") e contribuições da própria criança para caluniar o genitor-alvo. Quando o abuso e/ou a negligência parentais verdadeiros estão presentes, a animosidade da criança pode ser justificada e, assim, a explicação de Síndrome de Alienação Parental para a hostilidade da criança não é aplicável (Gardner, 2002, n. p.).

A partir de seus estudos, Gardner (1992 *apud* Podevyn, 2001) identificou a exposição de crianças e adolescentes a um sofrimento psíquico em função de seus pais estarem disputando sua guarda. Cartwirghy (1993[3] *apud* Aguilar Cuenca, 2006) salienta ainda que a SAP também é resultante da divisão de partilha de bens financeiros e imóveis.

A SAP, conforme defendia Gardner, consiste na incisiva e contínua desqualificação e desmoralização por parte do/a alienador/a contra o/a alienado/a, cujo objetivo é afastá-lo definitivamente das/os filhas/os. Segundo a teoria, o/a alienador/a investe todos os meios possíveis para que as/os filhas/os, dos quais detém a guarda ou a pleiteia, sintam-se afetados pelo outro. O resultado esperado é que cada vez mais as/os filhas/os se vinculem a ele/a, estabelecendo uma relação de confiança e proteção mútua.

---

cometiam violência doméstica contra as suas mulheres ou abuso sexual contra as/os filhas/os, cujas estratégias tinham como objetivo desacreditar os depoimentos das vítimas, invertendo posições, nas quais o acusado passava a ocupar o lugar da vítima. Disponível em: https://jus.com.br/imprimir/61199/a-lei-de-alienacao-parental-e-o-superior-interesse-da-crianca. Acesso em: 23 mar. 2022.

3. CARTWIRGHY, G. E. Expanding the parameters of parental alienations syndrome. *American Journal of Family Therapy*, 1993.

Em outras palavras, a SAP é caracterizada pela "programação" da criança para odiar o pai e a mãe, sem motivos consistentes. Essa síndrome também pode se estender a parentes e amigas/os da/o alienada/o.

Gardner afirmava que o genitor que detém a guarda ou objetiva tê-la desqualifica a imagem do outro genitor de maneira incisiva, a ponto de a criança "negar" a existência do/a alienado/a em sua vida e gradativamente excluí-lo/a.

Diante das acusações falaciosas, seja por parte da/o guardiã/o, seja por parte de avós e outras/os familiares dessa/e, influenciam-se as crianças no sentido de odiar o pai ou a mãe. A/O alienada/o torna-se enfraquecida/o, já que a/o filha/o não a/o respeita nem a/o aceita como uma figura protetora e de autoridade.

Segundo Gardner (1985 *apud* Podevyn, 2001), o/a alienador/a se mostra como uma pessoa interessada e "superprotetora", ao mesmo tempo que se coloca como vítima da situação. Para o autor, essa situação tende a se agravar ainda mais quando o/a alienador/a foi rejeitado/a pelo/a alienado/a.

O psiquiatra que, de acordo com Sousa (2010), teve uma vasta produção de artigos, afirma que, para manter o/a alienado/a distante da/o filha/o, o/a alienador/a se utiliza de todos os artifícios possíveis para prejudicar o outro, tendo como "arma" infalível o própria/o filha/o. Por exemplo, dizer que o pai ou a mãe não ama as/os filhas/os, que é o causador da separação da família, que é um traidor. Em casos extremos, ocorrem acusações de abuso sexual, na maioria das vezes falsas.

Para Gardner (1985), o/a alienador/a inicia as suas investidas procurando "apoio" por todos os lados: familiares, conhecidos e, sobretudo, as/os filhas/os, em relação aos quais se tornam fortes aliadas/os. Muitas vezes, o/a alienador/a transforma a/o filha/o em confidente dela/e. A criança, sem maturidade suficiente para entender os motivos da separação ou até mesmo o porquê de ter que agir de maneira hostil com o outro genitor, "abraça" a causa do/a alienador/a, porém, na maioria das vezes, sente-se confusa, o que lhe causa angústia e conflitos internos.

Darnall (s. d.) também apresenta uma definição sobre a SAP, mais voltada para o comportamento dos pais do que ao da criança e sua participação no processo de difamação, sobretudo nas situações em que o pai e a mãe estão dispostos a reconhecer que a alienação pode ocorrer, consciente ou inconscientemente, caso não estejam atentos.

Esse autor centraliza seus estudos nos pais e não nos sintomas das crianças, já que, para ele, há casos em que a denúncia sobre abuso sexual é verdadeira (Aguilar Cuenca, 2006). Darnall (s. d.) alerta as/os profissionais no sentido de identificarem se a queixa de abuso sexual é procedente, pois, nesse caso, o comportamento de recusa da criança a manter contato com o genitor pode não ser manifestação da alienação parental. De qualquer maneira, a denúncia deve ser averiguada com cautela.

Esse autor enfatiza a necessidade da distinção entre a alienação parental e a SAP, de forma a auxiliar tanto os pais como os operadores do Direito a compreenderem como se dá a evolução da alienação parental antes de se tornar uma síndrome e, assim, evitá-la.

Segundo ele, a alienação parental seria uma série de comportamentos, conscientes ou inconscientes, de um genitor que abale a relação entre a criança e o outro genitor, de forma que ocorra um gradual afastamento. Já a SAP seria o resultado deste processo (Barbosa e Castro, 2013).

As análises de Darnall (s. d.;1998) centram-se mais no comportamento dos pais e menos no papel das crianças, ao contrário de Gardner, que enfatiza a participação delas na desconstrução da imagem do/a alienado/a.

Enquanto Gardner (2002) afirma que o/a alienador/a denigre a figura paterna/materna sem justificativas, Darnall (s. d.) aponta que, ao contrário, o processo de desconstrução da imagem da/o alienada/o pode ser fruto de pequenas falhas desse/a. Por esse motivo, considera que o pai e a mãe estão envolvidos no desencadeamento da alienação parental. Ela salienta que é imprescindível que os pais separados percebam tais ações e sejam capazes de evitá-las, assim como reconheçam que as/os filhas/os precisam tanto do pai como da mãe em suas vidas.

Esse conjunto de discussões e afirmações sobre a alienação parental e a SAP se transforma, assim, nas primeiras referências para discussão desse tema no contexto brasileiro.

Conforme Sousa (2010), as primeiras discussões acerca da alienação parental datam, no Brasil, do ano de 2006, ocasião em que profissionais do Direito e da Psicologia passaram a dar visibilidade a esta temática, que ganhou estatuto de lei em 2010.

As referências de Gardner certamente foram fundamentais para que a AP fosse, progressivamente, disseminada por essas áreas do saber.

Quando debatida pelo Direito, é perpassada, principalmente, por questões que envolvem o direito da criança de conviver com o pai e a mãe.

Dias (2007) afirma que o/a alienador/a busca, de todas as formas, depreciar a imagem da/o alienada/o, conforme já apontava Gardner, inclusive se utilizando de acusações falaciosas, a ponto de a criança ou adolescente tê-las como verdade absoluta, iniciando um processo de implantação de falsas memórias.

Fonseca (2006) defende a distinção entre Alienação Parental e Síndrome da Alienação Parental. A autora elucida que a primeira, em suma, significa o processo de afastamento da/o alienada/o pela/o guardiã/o. Já a síndrome, para a autora, consiste nos impactos psicossociais no comportamento das/os filhas/os, que podem se estender até a fase adulta. Entre esses impactos, está o fato de a criança ou adolescente, em muitos casos, se recusar terminantemente a manter proximidade com a/o alienada/o.

Discordamos dessa distinção por considerarmos que as relações humanas e familiares não devem ser "biologizadas". A alienação parental, que muito se discute, embora tenha repercussões de ordem emocional, estaria muito distante de ser identificada como síndrome.

Sob o ponto de vista do Serviço Social, ela diz respeito à convivência familiar (e comunitária) e às dificuldades que os pais enfrentam para lidar com o exercício da autoridade parental, não devendo ser patologizada ou criminalizada.

Ao realizar seus estudos sobre esta temática, Sousa (2010) considera que a insistente afirmação de Gardner a respeito da síndrome não tem base científica, o que impossibilitou que ele alcançasse o objetivo de incluir a alienação parental no DSM-IV — o Manual Diagnóstico e Estatístico de Transtornos Mentais. Sua tentativa não prosperou.

Souza (2003) defende que a guarda compartilhada seria uma forma de impedir a ocorrência da AP, pois o guardião exerce sua autoridade mediante controle excessivo sobre as/os filhas/os, deteriorando a relação entre a/o filha/o e o genitor que não detém a guarda.

A maioria das/os autoras/es que abordam a SAP destaca que cabe ao Poder Judiciário evitar que essa "síndrome" prejudique e afete o desenvolvimento da criança e da/o adolescente, como se coubesse à justiça o poder da "cura".

Em geral, para essas/es autoras/es, a maneira como o Poder Judiciário se porta frente à SAP pode estar facilitando a manutenção desse processo doentio, principalmente nos casos de acusação de abuso sexual quando, por exemplo, as/os juízas/es determinam o imediato afastamento e proibição de visitas para a/o alienada/o, sem que haja a devida comprovação. Dessa forma, as/os profissionais deveriam estar atentas/os no sentido de identificar se as acusações são verdadeiras ou infundadas.

Trindade (2007) enfatiza que, nos casos em que há comprovadamente o diagnóstico da SAP (mas não especifica exatamente qual seria), devem ser adotadas medidas protetivas no sentido de erradicar esse tipo de abuso, tão grave quanto a violência física ou sexual, dado o seu caráter extremo.

Féres-Carneiro (2007) também problematizou a AP, partindo das concepções de Gardner; em sua ótica, para melhor compreendê-la do ponto de vista psicológico, é necessário que se conheça com mais afinco a história pregressa à separação conjugal.

Ressalta que a separação em si é um processo doloroso e, ainda que seja a melhor solução encontrada pelo casal, provoca sentimentos de fracasso e perda, muito semelhantes aos processos de luto por morte (Féres-Carneiro, 2007).

A autora aponta que, em meio a esse processo, a necessidade, para as/os filhos, de vivenciar o que ela chama de "conflito de lealdade" é algo que traz muito sofrimento a elas/es. Assim, a forma de a criança ou adolescente enfrentar a crise familiar dependerá, especialmente, da maneira como os pais estabeleciam e estabelecem as relações entre eles, inclusive sabendo diferenciar questões de ordem conjugal e parental.

Para Féres-Carneiro (2007), é muito comum que o genitor que se sente prejudicado envolva as/os filhas/os no conflito, fazendo com que esses não consigam discernir as questões conjugais em face das parentais. E as crianças ou adolescentes acabam por se tornar confidentes da/o guardiã/o, comprometendo ainda mais o quadro emocional delas/es.

A divisão de direitos e deveres em relação às/aos filhos seria o mais saudável para o desenvolvimento desses, mas tem sido comum o exercício da guarda materna, transformando o pai em visitador. A guarda conjunta é viável, desde que o pai e a mãe tenham condições para superar as questões pertinentes à separação e dar lugar ao principal, que é atender aos interesses das/os filhas/os (Féres-Carneiro, 2007).

Para Gomes (2011), não existem diferenças ente AP e SAP, diferentemente de outros/as autoras/es, como Fonseca (2006) e Barbosa e Castro (2013), que consideram que a segunda seria um estágio mais avançado que a primeira. No caso da SAP, as/os filhas/os se negariam a manter qualquer tipo de contato com a/o alienada/o.

Enquanto Gardner relaciona os sintomas da SAP apresentados pelas/os filhas/os (Sousa, 2010), Féres-Carneiro (2007), ao falar sobre a síndrome, pontua que os sintomas seriam apresentados pelas/os alienadoras/es.

Sobre a sistemática afirmação de que a Justiça deve tomar providências nos casos de alienação parental, concordamos com Sousa (2010, p. 113) quando argumenta que "a teoria de Gardner não inova, pois, em realidade, retoma algo que se fazia antes, ou seja, reatualiza o consórcio psiquiatria e justiça [...] com o psicólogo[4] se colocando ao dispor dos discursos jurídicos".

No entendimento de Sousa (2010), Gardner se detém apenas no sujeito, buscando nele próprio as explicações e causas para agir de determinadas formas. Condições sócio-históricas não seriam consideradas, apenas as psicológicas, ao contrário da autora, que, a partir da teoria foucaultiana, avalia que:

> [...] é preciso buscar as condições de possibilidade ou de existência dos discursos, pode-se pensar, ainda, que não é por acaso que a teoria de Gardner que objetifica uma síndrome obtém ampla receptividade no contexto atual da sociedade ocidental (Sousa, 2010, p. 111).

A autora avança ao observar em sua pesquisa que a tese da SAP, defendida por Gardner, remete a uma parceria "psiquiatria-justiça" em que as explicações sobre o comportamento do sujeito o culpabilizam, sendo uma forma reduzida para explicar que ele é o causador de seus males (e, assim, teria de se enquadrar na ordem vigente), o que, por sua vez, também reduz a forma de se atuar nos litígios, já que desconsidera o contexto social em que as pessoas estão inseridas.

Concordamos com a autora quando salienta que a teoria de Gardner teria como "mérito" confirmar que essa parceria tem se mostrado, ao longo dos tempos, uma eficaz expressão de forma de controle social (Sousa, 2015), em que seria "mais fácil intervir e mudar os sujeitos do que a ordem do mundo" (Castel, 1987, p. 161 apud Sousa, 2010, p. 114). A aprovação da lei de alienação parental ratifica as formas de controle por parte do Estado.

Inclusive, segundo Sousa (2010), as publicações de Gardner são muito parecidas e com informações repetidas, o que demonstra a sua preocupação em publicar o maior número de informações. É provável

---
4. E, no caso da área sociojurídica, também a/o assistente social.

que tenha sido por esse motivo que, mesmo não contando com bases científicas, como já apontamos anteriormente, a sua teoria não tenha sido negada.

Ancorados nas teses de Richard Gardner, os discursos que reproduzem o seu pensamento se mostram esvaziados, sem apontar ou trazer para o debate que outros aspectos podem estar relacionados às afirmações da alienação parental, para além do litígio e da vingança do/a alienador/a em relação à/ao alienada/o, por exemplo, dificuldades inerentes ao exercício da parentalidade pós-ruptura conjugal.

Consideramos que a obra de Sousa (2010) foi a que mais aprofundou o estudo sobre a temática da alienação parental, porque desconstrói as afirmações feitas por Gardner e seus seguidores, sobretudo por não haver comprovação científica, inclusive, de suas afirmações e produções que, segundo a autora, são, em sua maioria, artigos.

Essa pesquisadora ressalta a necessidade da perspectiva crítica das/os profissionais sobre a AP, assim como a importância de constante atualização.

2.2 Contribuições do Serviço Social para o debate da AlienaçãoParental

Como já pontuamos, são escassas as produções do Serviço Social acerca dessa temática. Se o Serviço Social tem sólida experiência na área sociojurídica e no atendimento às famílias em situação de ruptura e litígio, por que é limitada a produção sobre alienação parental?

As pesquisas realizadas acerca das produções de Serviço Social apontam que parece haver resistência em se discutir, de forma aprofundada, uma temática tão relevante e que, em nosso ponto de vista, se coloca como um desafio às/aos profissionais que estão inseridos na área sociojurídica.

Ainda, se a AP foi "descoberta" na realidade brasileira há mais de uma década, como era a atuação em casos altamente litigiosos quando o/a genitor/a tentava impedir o convívio da/o filha/o com o pai ou a mãe que não tinha a guarda? Havia outro nome que se dava a tais conflitos parentais?

Divórcio, guarda e regulamentação de visitas são algumas ações, dentre tantas outras, nas quais as/os filhas/os estão envolvidas/os, muitas vezes sem a possibilidade de escolha ou mesmo de serem ouvidos em suas necessidades sociais e afetivas, para além daquelas materiais e que inquestionavelmente devem ser ofertadas pela mãe e pelo pai ou responsáveis legais.

Se a alienação parental tem se tornado um desafio às/aos profissionais que lidam com ela, cabe, assim, pensar na atuação da/o assistente social. Conforme Iamamoto (2001), é um desafio para a/o assistente social entender a realidade de forma que novas alternativas de trabalho possibilitem, a partir das demandas profissionais, a efetivação de direitos.

Temos aqui enfatizado tanto a necessidade de que as/os profissionais do Serviço Social estejam capacitadas/os para lidar com as demandas inerentes ao seu trabalho, como também que discutam as questões relativas à família e à alienação parental de forma aprofundada.

Nesse caso, pensando nas demandas da área sociojurídica, especialmente nos casos que envolvem a suspeita ou a confirmação de alienação parental, acreditamos que a/o assistente social deve pautar seu trabalho na garantia do direito das crianças/adolescentes à convivência familiar.

A/O profissional propositiva/o ao qual Iamamoto (2001) faz menção deve ter condições para compreender e analisar como se dão a dinâmica e as relações familiares, assim como para opinar e se posicionar, com base nos preceitos ético-políticos da profissão, quando da ocorrência do que a lei nomeia de alienação parental.

Assim é imprescindível que estejamos preparadas/os teórica e tecnicamente. Dessa forma, torna-se viável que, por meio de nossos estudos e pareceres, em caso de perícias, possamos não apenas identificar possíveis violações de direitos, mas também propor alternativas que, embora possam não solucionar os conflitos, minimizem os seus efeitos sobre as crianças/adolescentes que vivenciam processos de ruptura conjugal de seus/suas pais/mães.

Nessa perspectiva de estar em sintonia com as demandas que fazem parte do universo sociojurídico, no caso, a alienação parental, foi que buscamos pesquisar a produção do Serviço Social a esse respeito, partindo da hipótese de que são poucos os trabalhos que se propõem a tal discussão de forma mais aprofundada.

Valente (2007), ao trazer a discussão da alienação parental[5], propõe que seja pensada a partir da construção social das relações familiares.

Ela pondera que "o conceito forjado" por Gardner advém de uma realidade bem distinta da brasileira, devendo ser ampliado o conceito adotado pelas/os assistentes sociais. Pontua, inclusive, que, sendo um termo da área médica, a síndrome deve ser analisada através das ciências naturais, assim como também devem ser considerados os aspectos comportamentais.

Tal posicionamento se aproxima do que Sousa (2010, p. 108) observou em sua pesquisa, pois:

> [...] fica evidente o quanto a teoria de Gardner, seguida por outros autores, engendra uma visão determinista, pois é limitada com relação ao comportamento dos atores sociais, os quais têm ignorada a sua singularidade, sua capacidade de desenvolver suportes em meio a situações de conflito e sofrimento.

Diante do fato de Gardner ter forjado o conceito de SAP, na visão de Valente (2007), as/os profissionais que atuam com crianças e

---

5. Quando a autora apresentou as suas reflexões, a Lei da AP ainda não tinha sido aprovada, daí a referência à SAP.

adolescentes no sistema de proteção e garantia de direitos devem considerar que a realidade brasileira é bem diferente da norte-americana.

Por este motivo, ressalta que "a preocupação primordial do assistente social é desvendar os mecanismos da Síndrome da Alienação Parental como um processo" (Valente, 2007, p. 84). Entendemos que desvendar esses mecanismos deva ser na direção de compreender as relações familiares numa perspectiva histórico-social, de forma que seja possível encaminhar as ações profissionais para a garantia da convivência familiar, especialmente das crianças e adolescentes.

A clareza sobre suas responsabilidades com as/os filhas/os, bem como a consciência da importância de ambos os pais na vida dos mesmos, é que pode evitar que as pessoas cheguem a tais atitudes extremas. Conforme Rocha (2015, p. 132), "[...] a guarda compartilhada, de fato, pode impedir [o que a lei denomina de] atos de alienação parental se ambos os genitores tiverem clareza das necessidades das/os filhas e do papel que têm de promover o direito à convivência familiar dos mesmos".

Entendendo que as demandas atendidas pelo Poder Judiciário exigem que as/os profissionais compreendam as relações familiares e suas transformações, Valente (2007) propõe que sejam observadas as transformações da sociedade e como elas interferem nos processos.

Assim como Rocha (2015), Barbosa e Castro (2013) afirmam que a simples e imediata mudança de guarda nem sempre é a solução, pois as/os filhas/os podem insistir e mesmo conseguirem o retorno para o/a genitor/a com quem permaneciam.

Em todo contexto em que a alegação de alienação parental esteja presente, é de suma importância que a/o assistente social realize uma avaliação cuidadosa com as pessoas, conhecendo a história de vida, analisando como se dão as relações intrafamiliares, conforme recomendam Fávero (2009) e Lima e Santos (2012). As autoras ponderam que a/o assistente social deve ter clareza do impacto que uma sentença judicial tem na vida dos sujeitos.

Assim, Fávero (2011) problematiza a alienação parental no sentido de que as/os profissionais do Serviço Social a compreendam no âmbito das transformações socioculturais.

Compreender e se apropriar da realidade das famílias atendidas na área sociojurídica, considerando as mudanças ocorridas nas últimas décadas e seu impacto nas relações e no rompimento conjugal, numa perspectiva dialética e crítica, requer da ação profissional um alcance e direcionalidade que rompam com a responsabilização dos sujeitos atendidos pelas dificuldades que enfrentam, conforme aponta Mioto (2009).

Barbosa e Castro (2013) apontam para a falta de criticidade de Darnall e Gardner, que não abordam questões de gênero/patriarcado, já que a mulher sempre figura como sendo vingativa e possessiva, e o homem como vítima, ainda que ambos reconheçam que tanto o pai como a mãe podem promover o afastamento das/os filhas/os.

Mediante esse panorama, as pesquisadoras adentraram a discussão sobre a Lei n. 12.318/2010 e os seus impactos no trabalho interdisciplinar na área sociojurídica para, enfim, trazer a pesquisa de campo, que englobou tanto consulta a processos de guarda e regulamentação de visitas como os parecer psicológico e do Serviço Social sobre eles, e quais foram as decisões judiciais, ou seja, foi uma pesquisa quantiqualitativa.

Ao final da pesquisa, entre as diversas considerações apontadas, é relevante destacar aquelas relativas ao papel das/os profissionais frente aos casos de alienação parental.

Para Barbosa e Castro (2013), é importante que o pai e a mãe sejam ouvidos, inclusive conjuntamente, quando possível, o que permite uma melhor apreensão da história familiar, assim como ouvir membros da família extensa. Para elas, a criança também deve ser ouvida individualmente para que seja apreendida a sua posição sobre a família e a situação vivenciada.

Indicam que recursos da rede social da família devem ser acionados (saúde, escola etc.), seja para obtenção de maiores informações, seja para os encaminhamentos necessários.

Outro ponto a ser destacado se refere ao fato de chamarem a atenção das/os profissionais quanto aos riscos e às consequências diante de avaliações com embasamento técnico insuficiente. Nesse caso, entendemos que Barbosa e Castro (2013) se referem tanto à falta de conhecimento teórico quanto dos instrumentais técnico-operativos do Serviço Social[6].

Ao analisar a alienação parental, Batista (2016) aponta o caráter contraditório da lei que, embora se proponha a defender o direito da criança/adolescente ao convívio familiar, tem entre seus dispositivos para combater os atos o afastamento do/a alienador/a da criança, modificando a guarda em favor da/o alienada/o. Ela chama a atenção ao fato de a/o filha/o ser afastado do pai ou da mãe com o qual tem fortes vínculos relacionais, o que pode trazer importantes prejuízos ao desenvolvimento global dos/as filhos/as.

Para a autora, a judicialização, nesse caso, das relações familiares, está relacionada com as expressões da questão social, que tem agravado de forma crescente a vida da população e não está sendo devidamente enfrentada pelo Estado, pois as respostas não se dão no âmbito das políticas sociais, mas por meio de processos punitivos, colocando em questão a intervenção da/o assistente social, e

> São estas situações que chegarão aos profissionais que integram as equipes multidisciplinares, exigindo destes um posicionamento crítico

---

6. Embora a obra de Barbosa e Castro (2013) tenha sido produzida conjuntamente por uma psicóloga e por uma assistente social, a contribuição do Serviço Social não se revela na obra, posto abarcar apenas uma visão psicológica acerca da alienação parental, inclusive com ênfase na definição e diferenciação da síndrome da alienação parental, da qual entendemos que esta última, além de patologizar uma questão social que está ligada à convivência familiar, limita a discussão, já que a alienação parental não é reconhecida internacionalmente como sendo uma síndrome e remete ao discurso de Gardner. A obra não faz menção a importantes expoentes da literatura do Serviço Social nas temáticas referentes aos aspectos éticos e teóricos, como trabalho da/o assistente social, instrumentalidade, perícia em Serviço Social e família, que são de suma importância para refletir sobre a atuação profissional na área sociojurídica e com famílias em litígio (Rocha, 2016b).

acerca dos processos de ruptura e para além de práticas punitivas e de enquadramento dos sujeitos envolvidos (Batista, 2016, p. 144).

Montaño (2018), diferentemente das demais pesquisadoras do Serviço Social aqui apresentadas, não tem experiência profissional na área sociojurídica[7]. Sua posição em torno da alienação parental e, também, da guarda compartilhada é amparada em sua produção teórica enquanto pesquisador científico, somada à vivência pessoal de sua paternidade e de "militante de causa" (Montaño, 2018, p. 18).

Para o autor, é papel da/o assistente social se posicionar sobre a existência ou não de indícios de alienação parental, chamando a atenção ao fato de haver "um despreparo de muitos Operadores do Direito, e, particularmente, de assistentes sociais para enfrentar tais complexas realidades" (Montaño, 2018, p. 209), uma vez que essas/es estariam desconsiderando a existência de lei e tornando oculta, aos olhos das/os juízas/es, a ocorrência da AP.

A nossa perspectiva é a de que a perícia não deve centrar-se no objetivo de identificar ou "diagnosticar" a ocorrência da alienação parental[8]. Consideramos que a relevância da discussão do tema, no âmbito do Serviço Social, é a de compreender as relações familiares e seus impactos nas situações em que crianças e adolescentes estão sendo alvo de disputas judiciais[9], conforme Rocha e Souza (2018).

---

7. Ressalta-se que essa observação não desconsidera a contribuição teórica do autor para o Serviço Social.

8. Recentemente, o Conselho Nacional de Saúde, por meio da Recomendação n. 003, de 11 de fevereiro de 2022, recomendou aos Conselhos Federais de Serviço Social, Psicologia e Medicina que orientem as/os profissionais para que não façam uso de termos como alienação parental, síndrome da alienação parental e derivações em suas práticas, dada a falta de cientificidade do tema. Também recomenda ao Conselho Nacional de Justiça que faça revisão nas cartilhas e nas propostas de cursos que façam menção à alienação parental. Disponível em: http://conselho.saude.gov.br/recomendacoes-cns/2337-recomendacao-n-003-de-11-de-fevereiro-de-2022. Acesso em: 23 mar. 2022.

9. O posicionamento que temos defendido pauta-se nas vivências enquanto assistente social atuante nas varas da família e pesquisas desenvolvidas ao longo de mais de uma década, somadas ao amadurecimento teórico, o que propiciou, inclusive, a reavaliação de nossas posições defendidas

Ao analisarem como a AP tem repercutido tanto no âmbito da justiça como na sociedade, Rocha e Souza (2018), assim como Rocha (2019), problematizam qual o sentido da existência de uma lei que se propõe a garantir direitos que já estão fartamente preconizados em legislações que estão em vigor há décadas, como o próprio ECA e o PNCFC. Nesse sentido, Valente e Batista (2021, p. 86) compreendem que

> [...] há avanços nas legislações na medida em que visam proteger os direitos de grupos mais vulneráveis, a exemplo do Estatuto da Criança e do Adolescente (ECA). Todavia, muitos podem ser os resquícios de uma visão patriarcal, que acabam por reproduzir em normas e legislações as desigualdades de gênero, que no caso da alienação parental podem corroborar para um impacto desproporcional nas mulheres-mães.

Sousa (2019, p. 162), em publicação na qual fez uma revisão sobre a jurisprudência brasileira em situações envolvendo acusações de alienação parental entre os anos de 2010-2016, ponderou se a Lei n. 12.318/2010 tem, de fato, contribuído para o direito à convivência familiar de crianças e adolescentes ou é apenas "uma resposta punitiva do Estado ante a comoção social promovida, no Brasil, por pais na condição de visitantes, que se percebiam como vítimas da conjecturada síndrome da alienação parental".

Ao observar as implicações da Lei de Alienação Parental para as mulheres nos processos judiciais litigiosos, Rocha (2022) enfatiza que, do ponto de vista ético-político, não há elementos que possibilitem à/ao assistente social emitir laudos e pareceres sociais com diagnósticos acerca da alienação parental.

No próximo item, discutiremos como se constituiu a Lei de Alienação Parental no Brasil e perspectivas que têm dividido opiniões após mais de uma década de sua aprovação.

---

em publicações anteriores, como Lima e Santos (2012), que foi escrita em 2008 (quando não existia a Lei da AP aprovada em 2010), mas publicada somente em 2012, quando o termo síndrome já estava em desuso, uma vez que a lei reconhece os "atos" da alienação parental. Referimo-nos, também, a outras publicações dos anos de 2013 e 2014 que não foram utilizadas neste livro.

2.3 Percursos e percalços de um "fenômeno" no Legislativo e a "luta" de pais injustiçados: construindo e desconstruindo a Lei de Alienação Parental

Conforme já exposto, foi por volta de 2006 que a alienação parental começou a ser debatida no Brasil, principalmente por profissionais e pesquisadoras/es das áreas do Direito e da Psicologia.

Pode-se citar, também, a participação de diversas entidades criadas por iniciativa de famílias que se empenharam em participar do movimento destinado a promover uma campanha pela criação de lei que a combatesse.

Sérgio Moura Rodrigues (2014), sócio-fundador e presidente da Associação Brasileira Criança Feliz — ABCF — e um dos participantes do movimento pró-lei da AP, considerou como ativa a participação dessas diversas associações e grupos[10].

Entre elas, estão, também: a ONG Pais por Justiça — Brasil; a Associação de Pais e Mães Separados — APASE; a Associação pela Participação de Pais e Mães Separados na Vida dos Filhos — Participais; a Associação Pai Legal. Houve, ainda, a participação de autores independentes, através de blogs, dos quais podemos citar o Blog Crianças no Brasil[11].

O fato de a Lei da Guarda Compartilhada (Lei n. 11.698, de 13 de junho de 2008) ter sido discutida e aprovada contribuiu nesse sentido, fazendo com que o movimento ganhasse força e chamasse a atenção das autoridades.

O projeto que antecede a Lei de Alienação Parental foi idealizado por Elizio Luiz Perez, juiz da área trabalhista, e apresentado pelo

---

10. Conforme pudemos constatar em nossa pesquisa, ele teve participação ativa na tramitação do projeto dentro da Câmara de Deputados e no Senado Federal, desde a apresentação da primeira versão do PL, em out./2008, até a aprovação da lei, em ago./2010. Cita sua colaboração na entidade, da qual fazia parte na época (www.criancafeliz.org).

11. Páginas das entidades mencionadas: http://www.paisporjustica.blogspot.com.br; www.apase.org.br; http://www.participais.com.br; http://www.pailegal.net; http://criancanobrasil.blogspot.com.br.

deputado Regis de Oliveira (PSC-SP) ao Congresso Nacional[12] sob o n. 4.053[13], em 07 de outubro de 2008 (Rodrigues e Molinari, 2014).

A primeira versão do anteprojeto foi levada a debate público no mês de maio de 2008, por meio de divulgação em diversos sites, especialmente os de associações de pais e mães, e, também, nos que discutiam questões das áreas do Direito e da Psicologia, não estando incluída a área do Serviço Social.

No sentido da divulgação da temática, o proponente concedeu uma entrevista por meio de seu blog, ligado a questões relativas à maternidade e à alienação parental, tomando como base dados fornecidos por pais e mães que acreditavam enfrentar esse problema.

Esse debate inicial foi considerado profícuo no sentido de levar o projeto de lei adiante.

Embora o projeto de lei e a consulta pública não tenham sido divulgados em sites do Serviço Social, Rodrigues e Molinari (2014) apontaram a participação das entidades familiares já mencionadas e também de assistentes sociais.

Essa participação não atrasou, entretanto, o fim de sua elaboração; ao contrário, permitiu que ela fosse aprovada pela Presidência da

---

12. O Brasil é uma República Federativa formada pela união indissolúvel dos estados, dos municípios e do Distrito Federal. São Poderes da União, independentes e harmônicos entre si, o Legislativo, o Executivo e o Judiciário. O Poder Legislativo brasileiro, no âmbito federal, é exercido pelo Congresso Nacional, composto por duas Casas: o Senado Federal e a Câmara dos Deputados. As/Os Senadoras/es e Deputadas/os Federais são eleitas/os pelo povo, por meio do voto direto e secreto e cabe a ela/es, entre outras tarefas, propor, analisar, discutir, votar e aprovar as leis que regem o dia a dia de todos os brasileiros. A Câmara dos Deputados compõe-se de representantes do povo e o Senado de representantes dos estados e do Distrito Federal.

Antes da aprovação, há um longo percurso no Legislativo porque o projeto é analisado por várias comissões técnicas. Cada projeto tem um relator, que dá um parecer, sugerindo mudanças, aprovando ou rejeitando o mesmo. O projeto ainda passa pela CCJC, que avalia se ele está de acordo com a CF. Após a aprovação na Câmara e no Senado, o Presidente da República ratifica a proposta para que a Lei seja sancionada. Disponível em: https://www2.congressonacional.leg.br/visite/o-que-e. Acesso em: 23 mar. 2022.

13. O Projeto de Lei n. 4.053/2008, bem como os respectivos pareceres e relatórios, encontram-se no site da Câmara dos Deputados. Disponível em: http://www.camara.gov.br/proposicoesWeb/fichadetramitacao?idProposicao=411011. Acesso em: 23 mar. 2022.

República após 22 meses de tramitação, considerado um curto espaço de tempo para os padrões então vigentes.

Através dos documentos relativos à tramitação na Câmara e no Senado para a aprovação da lei e com base na trajetória contada por Rodrigues e Molinari (2014), pode-se dizer que houve um engajamento de movimentos e associações de pais que lutaram pelo reconhecimento jurídico da alienação parental. Embora movidos por questões pessoais ligadas ao âmbito das relações familiares, pais e mães que se consideravam vítimas da alienação parental, unidas/os, deram um caráter coletivo à causa, pelo viés do melhor interesse das crianças e adolescentes, que também eram vítimas.

Verificou-se a presença de muitas pessoas diretamente envolvidas na aprovação da Lei de Alienação Parental, tanto pelas pesquisas documentais como pelos relatos colhidos de pessoas entrevistadas por Rodrigues e Molinari (2014), com o objetivo de produzir informações destinadas a resgatar seu histórico.

Ao mesmo tempo, muitas delas tinham ligação ou influência junto à própria Câmara dos Deputados, o que, possivelmente, contribuiu para a celeridade na aprovação da lei.

Na leitura dos documentos sobre o processo de tramitação da lei e do artigo que trata do histórico da lei, ficou evidente que, embora se afirme que tenham ocorrido audiências públicas, em geral, elas contavam com a participação das mesmas pessoas que estavam à frente das associações de pais e mães ou eram filhas/os e pais que se diziam vítimas de AP.

O documentário "A morte inventada"[14] foi utilizado como material de apoio para a divulgação da temática e justificativa da aprovação da

---

14. O documentário foi produzido por Alan Minas Ribeiro da Silva, que é um cineasta brasileiro. Dentista por formação, resolveu fazer cinema para falar sobre o problema da alienação parental, que discutiu no documentário "A morte inventada" (2009). Em 2014, publicou o livro *A morte inventada: ensaios e vozes* (editora Saraiva). Ganhou o prêmio de melhor filme do júri popular no Festival de Brasília de 2015, com "A família Dionti". Disponível em: https://pt.wikipedia.org/wiki/Alan_Minas. Acesso em: 26 abr. 2022.

lei junto à Câmara de Deputados, conforme apuramos nas pesquisas realizadas.

Houve, ao que tudo indica nos documentos pesquisados, uma articulação para agilizar a aprovação da lei, com limitada participação de pessoas e/ou profissionais, não havendo a participação do CFESS, o que foi confirmado através de contato junto ao referido conselho.

Barbosa e Castro (2013), através de suas pesquisas, também identificam que a propositura do PL n. 4.053/2008 partiu de um seleto público, ou seja, de pessoas envolvidas em associações de pais e mães que também tinham publicações acerca da SAP.

Essa combinação de fatores favoreceu, ao que parece, para que a lei tivesse uma rápida aprovação no Congresso, inclusive porque, segundo as autoras, "as discussões sobre o projeto ocorreram em circuitos restritos, basicamente com os mesmos personagens que encabeçaram o projeto" (Barbosa e Castro, 2013, p. 61).

Aos 26 de agosto de 2010, foi sancionada pelo Presidente da República, Luiz Inácio Lula da Silva, a Lei n. 12.318, que dispõe sobre a Alienação Parental e traz definições:

> Considera-se ato de alienação parental a interferência na formação psicológica da criança ou do adolescente promovida ou induzida por um dos genitores, pelos avós ou pelos que tenham a criança ou adolescente sob a sua autoridade, guarda ou vigilância para que repudie genitor ou que cause prejuízo ao estabelecimento ou à manutenção de vínculos com este (Brasil, 2010, art. 2°).

A lei considera, portanto, que a alienação prejudica o direito da criança/adolescente à convivência com seus dois ramos familiares (materno e paterno) e com as comunidades de ambos. A convivência familiar e comunitária é protegida pela Doutrina da Proteção Integral, estendendo-se sua importância ao desenvolvimento biológico, psicológico e social saudáveis.

Em 2017, a alienação parental também foi reconhecida como violência psicológica pela Lei n. 13.431, de 04 de abril de 2017, que estabelece o sistema de garantia de direitos da criança e da/o adolescente vítima ou testemunha de violência:

> [...] o ato de alienação parental, assim entendido como a interferência na formação psicológica da criança ou do adolescente, promovida ou induzida por um dos genitores, pelos avós ou por quem os tenha sob sua autoridade, guarda ou vigilância, que leve ao repúdio de genitor ou que cause prejuízo ao estabelecimento ou à manutenção de vínculo com este (Brasil, 2017, art. 4°, II, b).

No entanto, indagamos se, de fato, a aprovação da Lei de Alienação Parental atende aos interesses das crianças e adolescentes no que se refere à convivência familiar, uma vez que antes de esse tema ser difundido na realidade brasileira, o país já possuía dispositivos legais voltados para a proteção da infância e juventude, ou seja, a Doutrina da Proteção Integral.

Gois e Oliveira (2019) trazem valorosas reflexões a respeito de leis, pois, quando aprovadas por influência de determinados grupos, isso ocorre sem o devido debate por parte da sociedade, o que não favorece que essa assimile a propositura e contribui para a judicialização, nesse caso, das demandas familiares, a exemplo da Lei de Alienação Parental.

Em nosso entendimento, isso explicaria o fato de mesmo depois de mais de uma década após a sua aprovação[15], a lei de alienação parental ainda permaneça suscitando inúmeras discussões e distintos posicionamentos com relação à sua aplicabilidade.

---

15. Em uma reportagem, o próprio autor do PL da Alienação Parental, o ex-deputado Régis de Oliveira, mencionou que não se lembrava em quais circunstâncias propôs o projeto, desconhecia quem era o psiquiatra Richard Gardner, cuja teoria embasou a lei, e não sabia a repercussão após a sua aprovação. Disponível em: https://apublica.org/2017/01/lei-expoe--criancas-a-abuso/. Acesso em: 23 mar.2022.

Sousa (2019) avaliou que além de a referida lei não findar as dificuldades que pais e mães enfrentam após o divórcio para garantir a convivência familiar das/os filhos/as, acaba por manter e até mesmo fomentar a relação conflituosa nas famílias que têm suas vidas judicializadas. O Brasil é um dos poucos países, senão o único, que mantém em vigor a lei contra a alienação parental.

Em agosto/2017, o México[16] revogou a lei que também tinha a proposta de combater a alienação parental. Criada no México em 2014, a lei nesse país estaria levando juízas/es a modificar a guarda em favor dos agressores, diante da complexidade de distinguir alienação parental de abuso sexual. Nessa lógica, a legislação não estava protegendo as crianças.

No contexto brasileiro, em meio a distintos posicionamentos do ponto de vista jurídico-legal, no âmbito internacional, na área da saúde, a Organização Mundial da Saúde (OMS), em de junho/2018, registrou a alienação parental sob o CID de n. 11, para que no ano de 2022 passasse a ter validade.

A alienação parental foi incluída nesse CID[17], mas não teve um índice numérico específico e estava associado ao descritivo QE520, ou seja, problemas relacionais da criança com o cuidador, o que não significa que a AP seja reconhecida como doença ou síndrome. Contudo, tal empreitada não foi exitosa, justamente pela falta de cientificidade do conceito, e, portanto, a OMS retroagiu e não conferiu o código específico nem a descrição do conceito para a alienação parental[18].

Em 2017, a Comissão Parlamentar de Inquérito sobre maus-tratos a crianças e adolescentes, presidida pelo então Senador Magno Malta, discutiu, entre vários assuntos, a alienação parental e a revogação da

---

16. Disponível em: http://www.justificando.com/2017/08/23/alienacao-parental-uma-nova-forma-de-violencia-contra-mulher/. Acesso em: 23 mar. 2022.

17. O CID não é apenas para determinar doenças, mas também condições, inclusive sociais, que influenciam no desenvolvimento e na saúde do ser humano (a palavra pobreza também é citada no CID, porque, da mesma forma, interfere no desenvolvimento global).

18. Informações obtidas junto à Câmara Legislativa. Disponível em: https://www.camara.leg.br/radio/programas/572657-alienacao-parental-capitulo. Acesso em: 23 mar. 2022.

lei, por meio do PL n. 498/2018[19]. Houve o entendimento de que a Lei n. 12.318/2010 estaria causando mais problemas do que soluções, pois pais que abusam sexualmente das/os filhas/os estariam exigindo a manutenção da convivência e até obtendo a guarda, alegando que as mães estariam cometendo alienação parental, diante de supostas falsas denúncias de abuso sexual[20].

O Conanda apresentou em 30 de agosto de 2018 uma nota pública[21] sobre a Lei da AP. Em nota, o Conselho apontou a falta de fundamentação científica na qual a lei foi construída, sem a ampla discussão com a sociedade nem com profissionais que estudam o tema, nem mesmo com o referido Conselho.

O documento esclarece, ainda, que a legislação brasileira já dispõe de dispositivos que protegem a convivência familiar. Tal posição converge com o que está sendo refletido neste livro, e, também, com o entendimento de Rocha e Souza (2018), pois, para as autoras, assim como com o que a Nota Pública apresenta, a lei possui dispositivos que tanto violam como protegem crianças e adolescentes.

Nesse sentido, há outra preocupação expressa no documento com relação à proteção, especialmente em casos reais de abuso sexual e a lei

---

19. Em 01.08.2018, o Deputado Federal "Flavinho" (PSC) apresentou o projeto de Lei n. 10.639, no qual requereu a revogação da Lei da AP, cuja justificativa era a de "estancar um sério problema que atinge muitas mães e crianças". Esse projeto de revogação da Lei da AP foi arquivado em 31.01.2019, pela Mesa diretora da Câmara dos Deputados. O projeto de revogação que está em vigor é o de número 498/2018, que foi proposto pelo ex-Senador Magno Malta. Atualmente, a Senadora Leila Barros (PSB-DF) é a relatora desse PL. Disponível em: https://www12.senado.leg.br/noticias/materias/2019/06/26/alienacao-parental-divide-especialistas--em-audiencia-na-cdh. Acesso em: 23 mar. 2022.

20. Em abril/2018, o Programa "Fantástico" (Rede Globo) apresentou uma polêmica reportagem sobre situações em que mães que denunciaram os ex-maridos que cometiam abuso sexual contra as/os filhas/os, com o intuito de protegê-los, foram acusadas de cometer alienação parental e perderam a guarda e foram afastadas do convívio. Disponível em: https://g1.globo.com/fantastico/noticia/2018/04/pai-abusador-usa-lei-de-alienacao-parental-para-tomar-guarda-de--filho.html#:~:text=Pai%20abusador%20usa%20Lei%20de,guarda%20de%20filho%20%7C%20Fant%C3%A1stico%20%7C%20G1&text=Homens%20conseguem%20invers%C3%A3o%20amparados%20em,tendo%20o%20seu%20objetivo%20desviado. Acesso em: 23 mar. 2022.

21. Disponível em: https://www.direitosdacrianca.gov.br/documentos/notas-publicas-dos-conanda/nota-publica-do-conanda-sobre-a-lei-da-alienacao-parental-lei-ndeg--12-318-de-2010-30-08-2018/view. Acesso em: 23 mar. 2022.

da AP inibir que as denúncias sejam feitas junto aos órgãos competentes. Por fim, o Conanda se posicionou pela revogação do inciso VI do artigo 2º (que considera ato de alienação parental apresentar falsa denúncia de abuso sexual) e dos incisos V, VI e VII do artigo 6° (que tratam da mudança de guarda, da fixação de domicílio da criança e da suspensão da autoridade parental) da Lei n. 12.318, de 2010, ou o seu inteiro teor.

Ao longo do ano de 2019, a discussão a respeito da revogação foi retomada, com a realização de audiências públicas[22] promovidas por deputados do Congresso Nacional.

Por exemplo, a Ação Direta de Inconstitucionalidade — ADIn n. 6.273 —, ajuizada pela Associação de Advogadas pela Igualdade de Gênero em 29.11.2019, apontava que a "alienação parental se banalizou e vem sendo usada para enquadrar todo tipo de divergência em disputas judiciais de divórcio, guarda, regulamentação de visitas, investigações e processos criminais por abuso sexual, seja para atacar, defender ou simplesmente como argumento de reforço" a medidas de proteção à criança e à/ao adolescente já previstas no ECA. Contudo, a referida ação também foi arquivada em dez./2021 porque, por unanimidade, os ministros do Supremo Tribunal Federal — STF — entenderam que a associação de advogadas não tinha legitimidade constitucional para propor a ADIn, porque não tinha representatividade nacional em seu estatuto, assim como não havia vinculação entre o conteúdo da lei e o interesse direto e imediato da referida associação[23].

---

22. Nessas audiências, ao que se pesquisou, houve a participação de alguns segmentos da sociedade, cujas opiniões estavam divididas. O Conanda, na pessoa de Iolete Ribeiro da Silva, se posiciona a favor da revogação da lei, ao lado da subprocuradora-geral da República, Ela Wiecko Volkmer de Castilho. Contra a revogação, além do Instituto Brasileiro de Direito da Família — IBFAM —, destaca-se ainda a Associação Brasileira de Psicologia Jurídica, representada pela vice-presidente, Tamara Brockhausen. Disponível em: https://www2.camara.leg.br/camaranoticias/noticias/SEGURANCA/579367-DEBATEDORAS-DEFENDEM-REVOGACAO--DA-LEI-DE-ALIENACAO-PARENTAL.html. Acesso em: 23 mar. 2022.

23. Disponível em: https://www.conjur.com.br/2021-dez-22/supremo-julga-inviavel-acao-lei-alienacao-parental?imprimir=1. Acesso em: 21 fev. 2022.

No caso dos projetos de lei, paralelamente ao já mencionado PL n. 498/2018, que propunha a revogação da Lei da AP, tramitou no Congresso outro PL de n. 10.712/2018[24], da Deputada Soraya Santos, cuja proposta era a alteração dos artigos 4º, 5º e 6º da referida lei, além do art. 157 do ECA, em que prevê a responsabilização criminal via Código Penal, nos casos em que ocorrer denunciação caluniosa.

Esses projetos de lei foram apensados uns aos outros, inclusive, o PL n. 6.371/2019, apresentado pela Deputada Iracema Portela em dez./2019 e arquivado em dez./2021 em razão da aprovação da Subemenda Substitutiva do PL n. 7.532/2017, que, inicialmente, tinha em sua ementa a proposta de tramitação prioritária nas situações envolvendo alienação parental[25].

Ademais, além do posicionamento do Conanda, já citado, vale destacar que outros órgãos públicos também se manifestaram por meio de Notas Técnicas, na mesma direção pela revogação total ou parcial da Lei de Alienação Parental, a exemplo da Defensoria Pública do Estado de São Paulo[26] e do Ministério Público Federal[27].

No entanto, no final de mar./2022, foi aprovado outro PL n. 634/2022, substituindo o projeto de lei anteriormente citado. Esse novo projeto, que tramitou no Senado Federal, deu origem à Lei n. 14.340, aprovada em 18 de maio de 2022, com a proposta de alterar a LAP, para modificar procedimentos relativos à alienação parental e o ECA, para estabelecer procedimentos adicionais relativos à suspensão do poder familiar.

---

24. Disponível em: https://www.camara.leg.br/proposicoesWeb/fichadetramitacao?idProposicao=2182729. Acesso em: 23 mar. 2022.

25. Conforme pesquisa ao site da Câmera Legislativa, a ementa anterior dispunha sobre a prioridade de tramitação que envolva atos de alienação parental, em qualquer instância. Disponível em: https://www.camara.leg.br/proposicoesWeb/fichadetramitacao?idProposicao=2128842. Acesso em: 22 mar. 2022.

26. Nota Técnica 01/2019 — Disponível em: https://www.defensoria.sp.def.br/dpesp/Repositorio/41/Documentos/nota%20tecnica%20aliena%C3%A7%C3%A3o%20parental.pdf. Acesso em: 23 mar. 2022.

27. Nota Técnica 04-2020 — Disponível em: http://www.mpf.mp.br/pfdc/atuacao/manifestacoes-pfdc/notas-tecnicas/nota-tecnica-4-2020-pfdc-mpf/view. Acesso em: 23 mar. 2022.

Dentre as alterações, o projeto de lei propunha, como já destacado, que não fosse deferida guarda compartilhada a pais que estivessem sob investigação ou com processo criminal em andamento, contudo, com a aprovação da Lei, não foi incluída esta alteração.

Citamos ainda a alteração da lei que prevê a nomeação de peritas/os através do cadastro junto aos tribunais de justiça mediante comprovação de experiência e capacitação na temática. Conforme Rocha (2020), nos posicionamos pela defesa de contratação de peritos/as pela via do concurso público, de forma que sejam garantidas a autonomia e a capacitação profissional.

O projeto de lei n. 634/2022 propunha a revogação do inciso VI do art. 6º da Lei n. 12.318/2010 e com a aprovação da Lei n. 14.340/2022, foi suprimida a possibilidade da suspensão da autoridade parental se caracterizados os atos de alienação parental ou condutas que dificultam a convivência familiar. Todavia, não houve proposta de alteração e foi mantido o § 2º do art. 5º, no que se refere à emissão de diagnóstico de alienação parental.

Gradativamente, os projetos que buscavam a revogação da lei foram arquivados prevalecendo, no momento, a manutenção da Lei de Alienação Parental, cujas alterações não modificam o seu caráter regulatório e punitivo, mantendo o seu *status quo*.

No atual contexto sociopolítico, avaliamos que não é possível prever as repercussões destas alterações na Lei da Alienação Parental[28].

---

28 Importante mencionar que a Lei nº 14.340/2022 que alterou a Lei da Alienação Parental, foi aprovada durante a finalização da edição deste livro, não sendo possível contemplar uma análise detalhada das mudanças. Contudo, como já mencionado, o fato de prevalecer o viés punitivo da referida legislação, entendemos que foram contemplados no livro aspectos relativos à nomeação de peritas/os judiciais e à visitação assistida (que, no caso do TJSP conta com o Centro de Visita Assistida na capital do Estado de São Paulo).

Com relação à inclusão do depoimento ou oitiva de crianças e de adolescentes, por meio do Depoimento Especial e Escuta Especializada sugerimos às leituras das Notas Técnicas do CFESS de 2018 (sobre o Depoimento Especial — Disponível em: http://www.cfess.org.br/arquivos/depoimento-especial-notatecnica2018.pdf) e de 2029 (sobre a Escuta Especializada — Disponível em: http://www.cfess.org.br/arquivos/Nota-tecnica-escuta-especial-2019.pdf) que explicitam e orientam as/os profissionais sobre a complexidade da realização destes procedimentos em situações envolvendo a alienação parental.

Do ponto de vista do Serviço Social, entendemos que essas mudanças não afetam o compromisso ético-político que a profissão tem com a população atendida, conforme previsto no Código de Ética Profissional.

O acúmulo teórico que a profissão tem construído em sua trajetória por meio de pesquisas e produções na área sociojurídica permite que as/os profissionais construam seus posicionamentos na elaboração de laudos e pareceres técnicos do Serviço Social, sem recorrer a afirmações fatídicas em situações envolvendo atos de alienação parental[29].

É fundamental que as/os profissionais do âmbito do Direito, da Psicologia e do Serviço Social tenham uma posição crítica em relação à lei e aos seus propósitos. Os questionamentos que surgem sobre a sua eficácia não podem ser tidos como negação de que existam reais situações de violação de direitos, mas, passada uma década de sua aprovação, é impossível não levar em consideração as repercussões da lei tanto em relação às crianças como às famílias, sem uma análise sobre as relações sociais de sexo, raça e classe.

---

29. Lei de Alienação Parental: a alternativa punitiva legal e regulatória do Estado sobre mulheres e relações familiares. Disponível em: http://www.cfess.org.br/visualizar/noticia/cod/1876. Acesso em: 25 fev. 2022.

Capítulo III

Serviço Social, trabalho com famílias em litígio e alienação parental: uma relação intrínseca na área sociojurídica

3.1 Serviço Social nas varas da família[1] — demandas reatualizadas e respostas propositivas

Conforme Iamamoto (2012), ao atuar nas varas da família (ou mesmo nas varas da infância e juventude), a/o assistente social adentra os conflitos familiares através do Estado, subsidiando as determinações judiciais por meio de estudos sociais. O produto desse estudo, ou seja, o laudo do Serviço Social, segundo a referida autora, tem importante peso na viabilização de direitos sociais:

---

1. Embora tratemos neste livro sobre demandas relativas ao trabalho da/o assistente social em varas da família, não nos debruçamos nas discussões relativas ao surgimento da profissão nesse espaço. Para conhecimento e aprofundamento do tema, sugerimos consultar as obras de Fávero (2005) e Alapanian (2008a e 2008b), cujas pesquisas e estudos dão conta da trajetória do Serviço Social na área sociojurídica, assim como do modo de atuação da/o assistente social nas varas da família, complementados pelo trabalho de Gois e Oliveira (2019).

> [...] o estudo social e a elaboração conclusiva de laudos periciais, a articulação de recursos sociais e encaminhamentos sociais — entre outras atividades e instrumentos técnicos — interferem na viabilização dos direitos, oferecendo ao juiz alternativas de aplicabilidade da sentença (Iamamoto, 2012, p. 62).

Partindo dessa premissa e considerando a nossa experiência como profissional e pesquisadora da área sociojurídica, podemos afirmar que quando as/os usuárias/os e demandantes das expressões da questão social como disputas de guarda, regulamentação de visitas, alienação parental, entre outras são apresentados como "partes" dos processos judiciais, estão desgastadas/os devido ao enfrentamento dos litígios, em geral, de longa data. Em meio a tantas demandas que nos têm sido colocadas, a que tem sido objeto de constantes reflexões é a alienação parental.

Compreendemos que essas demandas, de forma geral, requerem da/o assistente social uma visão e escuta atentas que possibilitem a compreensão da dinâmica familiar, os motivos que levaram aquelas pessoas a buscarem ajuda e o que esperam da Justiça e do trabalho desta/e profissional. Este exercício, em nosso ponto de vista, exige que a/o profissional tenha clareza sobre o significado social de sua intervenção profissional, a qual

> Supõe, portanto, também descartar visões unilaterais da vida social e da profissão, deixando de considerar, por um lado, as determinações históricas, econômicas, sociais, políticas e culturais sobre o exercício profissional do assistente social e, por outro, o modo como o profissional constrói sua intervenção, atribui-lhe significado, confere-lhe finalidades e uma direção social (Yazbek, 2009, p. 128).

Conforme os estudos que dão embasamento a este livro foram se desenvolvendo, ficou evidente a importância de que as/os profissionais dos Tribunais de Justiça estejam atentas/os ao significado social de sua intervenção profissional, pois a cotidianidade pode levá-los a visões que não condizem com a realidade, diante da naturalização das situações de conflito. Daí a necessidade de renovar e aprimorar o conhecimento técnico por meio de cursos e capacitações, ou seja, assumir uma postura propositiva. Nesse sentido, novamente nos reportamos a Iamamoto (2001, p. 145, grifos da autora), pois:

> A afirmação de um *profissional propositivo* requer um profissional de *novo tipo, comprometido com a sua atualização permanente,* capaz de sintonizar com o ritmo das mudanças que presidem o cenário social contemporâneo em que "tudo é sólido, desmancha-se no ar". Profissional *que também seja um pesquisador,* que invista em sua formação intelectual e cultural e no acompanhamento histórico-conjuntural dos processos sociais para deles extrair potenciais propostas de trabalho — ali presentes como *possibilidades* — transformando-as em *alternativas profissionais.*

Esse caminho, conforme aponta a autora, tem que ser calcado pelo investimento na pesquisa como atividade inerente ao trabalho da/o assistente social, meio pelo qual ela/e poderá reunir elementos importantes sobre as "expressões da questão social".

Prática e pesquisa acadêmicas são processos que não devem estar separados no exercício profissional (Forti e Guerra, 2011; Guerra, 2005), e são elas que nos possibilitam compreender o significado social da nossa profissão.

Referimo-nos aqui à pesquisa para além dos muros da universidade, à "pesquisa como necessidade científica e não como um luxo intelectual", pois, "a pesquisa, longe de ser um luxo intelectual, é uma necessidade de realização consequente da profissão e condição de possibilidade de rupturas com atitudes e práticas voluntaristas, tópicas e impensadas" (Pereira, 2005, p. 17-18).

Algumas posições equivocadas a respeito da pesquisa em Serviço Social, como considerar que ela é um campo de atividade e não inerente ao exercício profissional e ela ser vista como um "quebra-cabeça", que vai exigir grande esforço, têm afastado as/os profissionais da pesquisa e sistematização da prática, o que não corresponde aos preceitos do nosso projeto ético-político.

Em nosso entendimento, essas interpretações podem tanto limitar a nossa compreensão sobre o significado social da atuação profissional como dificultar que demonstremos para as/os juízas/es e demais operadoras/es do Direito quais são as atribuições das/dos assistentes sociais nesse espaço e defendê-las coletivamente.

Concordamos com Forti e Guerra (2011) quando explicitam que as/os assistentes sociais devem ter competências técnicas para compreender os dilemas que demarcam a profissão e enfrentá-los de forma qualificada e responsável, dada a sua complexidade. A atuação responsável pode possibilitar, por meio dos pareceres técnicos, a elucidação dos limites e possibilidades de intervenção da/o assistente social, inclusive nos casos de alienação parental.

Assim, entendemos que as respostas profissionais não devem ser imediatistas nem tampouco conservadoras, sobretudo quando estas ações são direcionadas às famílias que vivenciam conflitos e disputas judiciais. Neste sentido,

> O desafio consiste em formar profissionais capazes de atuar na realidade, por meio da identificação e apropriação crítica de suas demandas e das demandas a eles dirigidas reconfigurando-as e enfrentando-as de maneira eficaz e eficiente — ou seja, em consonância com o sentido mais profundo da expressão trabalho profissional. Entendemos que só assim estarão dadas aos assistentes sociais as possibilidades de construírem estratégias sociopolíticas e profissionais para responderem às reais demandas e os requisitos da profissão (Forti e Guerra, 2011, p. 4).

Lidar com as demandas que estão postas no espaço sociojurídico requer das/os profissionais uma visão de totalidade "na apreensão da dinâmica da vida social, identificando como o Serviço Social se relaciona com as várias dimensões da vida social" (Forti e Guerra, 2011, p. 27).

Para Borgianni (2013), judicializar a questão social, bem como criminalizar a população pobre, é algo a ser combatido pelas/os assistentes sociais por meio do estudo social em Serviço Social, após o qual o parecer técnico deverá expressar a totalidade da realidade que está sendo apresentada.

Fávero (2013, p. 521) aposta na interpretação crítica da realidade como forma de efetivar direitos, pois

> [...] entende-se aqui que, mesmo nos limites da atuação cotidiana, uma das formas de materializar a contribuição com a justiça e os direitos nessa perspectiva pode se dar com o desvelamento e a interpretação crítica da demanda trazida e/ou vivida pelos indivíduos sociais (seja na abordagem individual ou coletiva) atendidos pelo assistente social.

3.1.1 Famílias em litígio e o trabalho da/o assistente social nas varas da família — as práticas atuais

O Serviço Social na área sociojurídica e, por conseguinte, nas varas da família vem se consolidando como um importante espaço para as/os assistentes sociais, especialmente no que concerne à viabilização e à garantia de direitos.

A principal demanda da/o assistente social nas varas da família, como já mencionado, é a realização das perícias em Serviço Social em processos judiciais de guarda, regulamentações de visitas, interdição civil e curatela de idosos e pessoas com deficiência, entre outras[2].

Essas demandas diversificadas que nos são apresentadas como objeto de estudo e que, em geral, envolvem litígios requerem que a/o

---

2. Entre 2015 e 2018, processos que envolviam solicitação de mudança de nome e sexo no registro civil em caso de pessoas transexuais passaram a incorporar as demandas da/o assistente social nas varas da família (Rocha e Santos, 2017; Santos, 2019), para a realização de perícia em Serviço Social. Com o provimento n. 73, de 28 de junho de 2018, do Conselho Nacional de Justiça, a referida alteração passou a ser requerida diretamente no ofício do Registro Civil de Pessoas Naturais em que foi lavrada a certidão de nascimento da pessoa "trans".

profissional esteja capacitada/o, do ponto de vista técnico-operativo e teórico-metodológico, para dar direcionalidade às ações interventivas voltadas às famílias (Mioto, 2010). Nessa perspectiva, nos reportamos a Gueiros (2002, p. 105), pois:

> Conceber a família em suas múltiplas configurações e formas de organização, apreendendo suas particularidades como pertencentes a diferentes camadas sociais, parece-nos um desafio importante para os profissionais de Serviço Social e áreas afins.

Concordamos com Gueiros quando chama a atenção sobre as particularidades presentes nas diferentes formas de organização das famílias. Seguindo as ideias dessa autora, Rocha (2015) pontua que, ao adentrar a realidade das famílias a partir de seu pertencimento a uma determinada camada social, é primordial reconhecer as expressões da questão social que podem ali estar presentes, pois, atuando na área sociojurídica, o trabalho da/o assistente social é voltado tanto para as famílias mais abastadas como para as que enfrentam vulnerabilidade social.

É possível observar que, com relação às famílias pertencentes às camadas populares, as exigências e cobranças para o cumprimento de suas funções se sobressaem, seja para que se mantenham no mercado de trabalho, seja para que assumam integralmente as responsabilidades parentais e os afazeres domésticos, especialmente as mulheres. Este "familismo", pelo qual se cobra de maneira sistemática que as famílias, sobretudo as mulheres, se responsabilizem pela proteção social de seus membros (Campos, 2016; Campos, 2015; Campos e Teixeira, 2010), pode permear o trabalho da/o assistente social na área sociojurídica.

Se a família é historicamente tida como um espaço de proteção social, é fundamental que as políticas públicas sejam de fato efetivadas para que suas funções possam ser plenamente exercidas (Gois, 2014b).

A partir dos anos 1970/80, como já apontamos no capítulo I, as famílias estão em constantes mudanças. A gradativa conquista e autonomia das mulheres, em termos de acesso a estudos e ingresso no mercado de trabalho, resultou na redução do número de filhas/os (Bruschini, 1998) e, por estarem assumindo cada vez responsabilidades, os homens, de forma gradual, estão participando da educação e dos cuidados diretos com as/os filhas/os (Campos, 2010).

Conforme Romanelli (2003), ainda que tais mudanças, em tese, equilibrem as relações de gênero/patriarcado, tem prevalecido o domínio masculino na família e, por sua vez, as mulheres permanecem sobrecarregadas com as tarefas domésticas. Ainda assim, essas mudanças têm aproximado o público masculino dos cuidados com a prole.

Essas significativas mudanças na sociedade, que são alvo do trabalho social com famílias que vivenciam processos de litígio, devem ser muito bem analisadas pelas/os assistentes sociais:

> Conhecer a família para a qual se fala e para qual muitas vezes dirigimos nossa prática profissional é muito importante; também é imprescindível compreender sua inserção social e o papel que a ela está sendo atualmente destinado; e, da mesma forma, é necessária a mobilização de recursos da esfera pública, visando à implementação de políticas públicas de caráter universalista que assegurem proteção social, entretanto, o mais fundamental é que o indivíduo e sua família tenham condições para prover sua autonomia, sejam respeitados em seus direitos civis e sociais (acesso à educação, à saúde, à justiça e ao trabalho) e contem com a possibilidade de elevação do nível de qualidade de vida, aspectos estes inerentes à construção da cidadania (Gueiros, 2002, p. 119-120).

De acordo com Rocha (2015), outras mudanças têm ocorrido na família, como já citado, as uniões homoafetivas ou situações em que as/os avós assumem a guarda das/os netas/os.

Por isso, afirmamos que a/o profissional não pode estar presa/o a uma visão limitada de família que a/o impeça de analisá-la no contexto atual, independentemente de seus próprios valores.

Importantes aspectos que permeiam a trajetória de vida das pessoas, a forma como foram construídas as relações conjugais e parentais, entre outros, são temas de estudo e de análise da/o assistente social que poderão ser mais bem compreendidos na perspectiva sócio-histórica.

Conforme Valente (2008), quando a/o assistente social trabalha com famílias em litígio no contexto da justiça, ela/e adentra a realidade de pessoas que vivenciam um momento de muita tensão, pois a ruptura constitui um processo doloroso, que tende a deteriorar as relações. Segundo a autora, "as famílias atendidas pelo Serviço Social das varas da família são aquelas que enfrentam maiores dificuldades em solucionar questões relacionadas à criação das/os filhas/os, após os processos de separação ou ruptura" (Valente, 2008, p. 83).

Torna-se um compromisso ético-político a/o assistente social estar capacitada/o para receber as "velhas" e novas demandas em suas complexidades, entre elas a alienação parental.

E, partindo do entendimento de que a alienação parental, dentre outros aspectos, se relaciona também à convivência familiar e, certamente, de longa data, esteve presente nas situações que envolvem disputa de guarda e regulamentação de visitas, conforme se constatou no estudo de Pismel (1979), cuja pesquisa foi realizada a partir da sua experiência profissional no Serviço Social das varas da família.

Cada novo processo é uma nova história, um novo litígio. O trabalho com famílias vivenciando o processo de litígio requer da/o assistente social habilidades para lidar, muitas vezes, com questões que, embora possam ser relevantes para compreender a trajetória da família, podem provocar emoções nas pessoas que atendemos, as quais não estamos tecnicamente preparados para atender.

Além disso, há que se ter o cuidado de não se envolver no litígio, na medida em que uma das "partes", por confiança no técnico ou pelo interesse de tê-lo como "aliado/a", pode adentrar questões outras que não fazem parte do contexto da perícia.

A experiência prática também nos tem revelado que, em geral, a pessoa que não está aberta ao diálogo com aquela/e com a/o qual conviveu durante anos dificilmente estará disposta a rever suas atitudes quando esta propositura provém de um técnico do judiciário.

Ou seja, o trabalho reflexivo com pessoas que buscam a manutenção do litígio pode se tornar inócuo e, não raramente, ser transformado em motivo para que acusem a/o profissional de estar favorável à outra parte.

Essas situações, muitas vezes, podem colocar a/o assistente social em meio ao conflito, inclusive, ela/e pode se tornar alvo de uma das partes por meio de pedido de impugnação do laudo ou ainda denúncias junto ao conselho de classe. Por mais experiente que a/o profissional seja, ela/e não está livre de se ver envolvida/o em um conflito e sofrer acusações do teor anteriormente exemplificado.

A forma mais coerente para fugir destas "armadilhas" é ter a clareza de em quais situações poderá se valer de um trabalho reflexivo, especialmente quando se aventa a possibilidade da presença da alienação parental.

Compreender a dinâmica familiar e a forma como os pares se inter-relacionam, considerando os aspectos que aproximam e distanciam a visão que mães e pais têm sobre as/os filhas/os, em suas necessidades físicas, sociais e psicológicas, a importância que cada um deles atribui à participação do outro na vida das/os filhas/os, pode evidenciar traços sobre a prática do que a lei tipifica como atos de alienação parental, seja ela praticada de forma consciente ou inconsciente.

Em nossa prática profissional é possível observar, em algumas situações, que as pessoas envolvidas e representadas pelas/os suas/seus advogadas/os afirmam ser vítimas de alienação parental quando, em alguns casos, foi o/a próprio/a requerente que alega ser alienada/o que se afastou da/o filha/o (Rocha, 2018b).

Em outras situações, o/a genitor/a que fica com as/os filhas/os acaba por assumir sozinho/a todas as responsabilidades (em geral, mulheres), motivo pelo qual pode vir a estabelecer formas de educação que entende ser mais adequadas, gerando conflitos com o/a outro/a que se sente excluído/a da vida da prole.

Por isso, é necessário distinguir o que é intuito deliberado de afastar o/a pai/mãe das/os filhas/os e o que é preocupação excessiva com o bem-estar e segurança das crianças/adolescentes.

A criança ou a/o adolescente que vivencia situações de conflitos entre o pai e a mãe pode, eventualmente, apresentar importantes questões de ordem emocional que podem interferir na sua relação com pais e familiares, afetando, também, o desenvolvimento escolar, por exemplo.

Um dos principais desafios para a/o assistente social em vara da família é identificar, em meio ao litígio, os pontos positivos que possam propiciar sugestões técnicas que atendam aos interesses de todas/os, especialmente, das crianças e adolescentes envolvidas/os na disputa, minimizando os efeitos do conflito na família.

Todos os casos requerem especial cuidado, mas aqueles que envolvem acusação de alienação parental exigem que a/o profissional esteja atenta/o para todas as nuances apresentadas, sempre as correlacionando com o histórico familiar.

A/O assistente social deve ter uma escuta apurada e disposição para ouvir as pessoas que atende, captando informações que darão base às suas interpretações e, ao mesmo tempo, direcionando o atendimento para o foco central da perícia.

Daí decorre a necessidade de utilizar técnicas de entrevista eficazes, que possam contribuir para a elaboração de um estudo social em Serviço Social o mais completo possível.

Observa-se, na prática cotidiana, que em algumas situações as/os profissionais têm a sensação de, mesmo diante de muitas informações, faltar "algo" ou, ainda, a dificuldade de condensar num laudo as principais informações que darão sustentação ao parecer social para contribuir para a decisão judicial.

Entre as demandas rotineiras e envolto/a nas cobranças de prazos, há que se ter a cuidadosa tarefa de não se deixar levar pelo senso comum, evitando posicionamentos como "é assim mesmo" e "já conheço esta história", que podem impedi-la/o de refletir e propor alternativas concretas, viabilizando direitos.

O atendimento às pessoas que vivenciam o rompimento conjugal em meio a intermináveis brigas e processos judiciais é um trabalho delicado que, certamente, mobiliza nas/os profissionais sentimentos que vão desde compaixão até angústia diante do sofrimento do outro. Tais sentimentos, contudo, não podem interferir no trabalho desenvolvido com as famílias, assim como na própria saúde psíquica da/o profissional.

Para além de identificar a verdade dos fatos por meio de entrevistas e visita domiciliar, é necessário compreender como se dão as relações familiares das pessoas atendidas, visando, dentre vários direitos, ao de convivência familiar, especialmente de crianças/adolescentes envolvidas/os nas disputas litigiosas (Rocha, 2015).

Não cabe nem é esperado que o/a assistente social tenha respostas prontas, mas coerentes com a realidade com a qual está atuando. Deve-se ter claro que, nesse processo, ele/a não é o/a responsável pela determinação judicial, mas que o seu parecer tem fundamental papel na decisão judicial.

Por meio de suas análises, o/a profissional pode contribuir ao explicitar a realidade das famílias para as/os magistradas/os, elucidando aspectos culturais e religiosos que possam explicar determinadas situações que se repetem e parecem estar arraigadas na trajetória familiar, no sentido de que, a partir destes elementos, as/os juízas/es consigam dar sentenças possíveis de serem cumpridas.

Ideal seria que estas pessoas conseguissem se organizar sem ter a necessidade de entregar os rumos de suas vidas nas mãos de pessoas desconhecidas e estranhas às vivências pessoais.

Seguiremos no próximo item com a interpretação de conceitos a partir de referenciais teóricos que entendemos como sendo aqueles que poderão oferecer melhor compreensão das vivências das/os peritas/os sociais e balizar a prática profissional das/os assistentes sociais nas varas da família. Tais referenciais, também, serão utilizados como fundamentação das nossas análises, no capítulo IV.

3.2 A imediaticidade e a autonomia profissional — práticas (im)possíveis na realização da Perícia em Serviço Social?

3.2.1 Perícia em Serviço Social[3] — elementos conceituais que norteiam sua realização

A perícia só poderá ser realizada a partir de uma determinação judicial e será requisitada quando o/a magistrado/a entender a pertinência de sua realização, a pedido das pessoas envolvidas ou ainda quando requerida pelo Ministério Público, conforme a complexidade do caso.

A experiência como perita e pesquisadora nos permite dizer que, de fato, os casos encaminhados requerem, cada vez mais, uma análise técnica que possa elucidar questões relativas à dinâmica familiar nos aspectos sociais, relacionais, culturais, econômicos, entre outros, para que os/as magistrados/as, mediante a realidade apresentada, possam aplicar as medidas judiciais pertinentes.

Algumas etapas anteriores à realização da perícia podem contribuir para que seja traçado um plano de trabalho adequado ao caso. As informações decorrentes de audiência de conciliação ou de um processo de mediação[4], por exemplo, fornecem indicativos a respeito

---

3. Embora na tese defendida em 2016, originalmente, tenhamos utilizado a terminologia "perícia social", neste livro passamos a utilizar "perícia em Serviço Social", seguindo o entendimento de Franco, Fávero e Oliveira (2021) de que essa especificação, tal qual "estudo social em Serviço Social", é mais precisa para identificar tanto a perícia como o estudo social como atribuições específicas da/o assistente social. O termo "perícia social" será mantido quando se tratar de citações bibliográficas anteriores ao ano de 2021.

4. Importante destacar que os procedimentos relativos à conciliação e à mediação não são atribuições da/o assistente social, conforme Nota Técnica do Conselho Regional de Serviço Social — CRESS/SP — Posição Preliminar sobre Serviço Social e Mediação de Conflitos — jun./2016.

da flexibilidade e disposição das/os envolvidas/os para construírem conjuntamente uma alternativa à situação familiar que vivenciam e gera o desacordo.

A apresentação do "ponto controvertido", ou seja, a particularidade do que está em disputa pela/o magistrada/o possibilita melhor compreensão por parte da/o perita/o com relação ao caminho a ser seguido na perícia em Serviço Social, embora possam surgir outros aspectos importantes aos quais as/os profissionais devem estar atentas/os.

No art. 464 do Código de Processo Civil, a perícia está definida como "exame, vistoria ou avaliação". Mioto (2001, p. 146) complementa essa definição ao afirmar que "a perícia pode ser considerada como um exame de caráter técnico especializado [...]. O perito pode ser tido como aquele que é especialista em um determinado assunto".

Fávero (2014, p. 54), por sua vez, esclarece que

> A perícia, no âmbito do judiciário, diz respeito a uma avaliação, exame ou vistoria, solicitada ou determinada sempre que a situação exigir um parecer técnico ou científico de uma determinada área do conhecimento, que contribua para o juiz formar a sua convicção para a tomada de decisão.

A perícia técnica, quando realizada por um/a assistente social, passa a ser denominada como uma perícia em Serviço Social.

Dessa forma, "a perícia social pode ser considerada como um processo através do qual um especialista, no caso assistente social, realiza o exame de situações sociais com a finalidade de emitir um parecer sobre a mesma" (Mioto, 2001, p. 146). A perícia [em serviço] social recebe

> [...] esta denominação por se tratar de estudo e parecer cuja finalidade é subsidiar uma decisão, via de regra, judicial. Ela é realizada por meio do estudo social e implica na elaboração de um laudo e emissão de um

parecer. Para sua construção, o profissional faz uso dos instrumentos e técnicas pertinentes ao exercício da profissão [...] (Fávero, 2014, p. 54).

Ao conceituarem a perícia [em serviço] social, tanto Mioto (2001) como Fávero (2014) elucidam que ela será sempre realizada para subsidiar uma determinação judicial.

Para que a perícia [em serviço] social seja realizada, a/o perita/o assistente social deve se utilizar do estudo social. Mioto (2001, p. 153) define o estudo social como "um instrumento utilizado para conhecer e analisar a situação, vivida por determinados sujeitos ou grupos de sujeitos sociais, sobre a qual fomos chamados a opinar".

Nessa linha, Fávero (2014, p. 55) nos diz que "a perícia é o estudo social, realizado com base nos fundamentos teórico-metodológicos, ético-políticos e técnico-operativos, próprios do Serviço Social, e com finalidades relacionadas a avaliações e julgamentos".

A autora aduz que o estudo social é tido como "instrução processual" de um processo judicial e, neste caso, visa a fornecer dados e elementos que expliquem determinada situação sob o enfoque social para subsidiar a decisão do/a magistrado/a. Ela ainda afirma que se faz necessário apresentar sob a perspectiva do Serviço Social como se dão as relações sociais e familiares das pessoas envolvidas nos processos, conforme os conhecimentos de nossa formação profissional.

> A realidade socioeconômica e cultural dos sujeitos [...] é a base sobre a qual a instrução social se apresenta. Assim, desvelar a realidade social em suas conexões e determinações mais amplas e em suas expressões particularizadas no dia a dia de crianças, adolescentes, adultos, mães, pais, famílias envolvidas nessas ações, interpretá-la com o apoio de conhecimentos científicos pertinentes à área e tomar uma posição do ponto vista do Serviço Social — portanto, de um ponto de vista fundamentado teórica e eticamente — apresenta-se como conteúdo central da instrução. Isso significa considerar que a instrução social se dá com base na construção do conhecimento da situação que se apresenta como objeto de uma ação judicial, articulada ao conhecimento acumulado pela

ciência, que vai balizar e referendar uma ação e uma análise competente do ponto de vista profissional (Fávero, 2009, p. 610).

Há, por parte do Conselho Federal de Serviço Social — CFESS, a recomendação de que as/os assistentes sociais realizem as perícias de forma que o resultado viabilize aos cidadãos o acesso aos seus direitos fundamentais. Considerando o contexto histórico no qual a perícia é realizada, as/os profissionais não devem fazer afirmações como se estas fossem verdades absolutas, pois

> As verdades são históricas e passíveis de mudanças e transformações, a depender de ação histórica de homens e mulheres em uma dada sociedade. Verdades consideradas absolutas servem para a manutenção do *status quo*, referendando uma visão de que o que está "cientificamente comprovado" será o critério de verdade e de justiça (CFESS, 2014, p. 47).

Fávero (2013) também ressalta que a perícia [em serviço] social, embora possa ser considerada um "instrumento de poder", deve ser realizada sob a perspectiva de viabilização de direitos e, neste sentido, não pode ser um instrumento de punição. Seu resultado não deve, portanto, servir

> [...] como indicador de ações disciplinares, coercitivas e punitivas, desvirtuando a finalidade do trabalho que cabe ao profissional da área. Para isso, é essencial a investigação rigorosa da realidade social vivida pelos sujeitos e grupos sociais envolvidos nas ações judiciais, desvelando a dimensão histórico-social que constrói as situações concretas atendidas no trabalho cotidiano (Fávero, 2013, p. 523).

A partir dessas explanações e com base em nossa experiência como pesquisadora, podemos definir a perícia em Serviço Social como sendo uma avaliação técnica a ser realizada por um/a assistente social que, com base em seus conhecimentos teórico-metodológicos e através do estudo social em Serviço Social, emitirá um laudo com suas análises acerca da realidade conhecida, cujo parecer terá como objetivo subsidiar uma determinação judicial e, ao mesmo tempo, garantir direitos sociais e o exercício da cidadania.

O estudo social em Serviço Social, por sua vez, é um dos instrumentais técnico-operativos da/o assistente social que atua nos diversos espaços sócio-ocupacionais, como a assistência social, saúde, previdência, judiciário, educação, entre outros, cujo objetivo é o de conhecer a realidade social, econômica e cultural das pessoas atendidas, assim como identificar como se manifestam as expressões da questão social.

Realizada a perícia em Serviço Social através do estudo social em Serviço Social, cabe à/ao perita/o a emissão de um laudo. O laudo, que também é um instrumento técnico-operativo do Serviço Social, é o registro escrito e técnico do que foi apurado na perícia em Serviço Social. Esse documento deve ser elaborado a partir de um conhecimento fundamentado teoricamente, cujas interpretações dos dados obtidos não devem ser baseadas no senso comum. Como nos explica Fávero (2014, p. 58), é "um relato analítico da construção histórica da questão estudada e do estado social atual da mesma". Além de apresentar uma análise da situação, o laudo social, necessariamente, deve emitir um parecer social.

Entendemos como parecer em Serviço Social a manifestação técnica que, elaborada de forma sucinta e objetiva, possibilita à/ao assistente social expressar a sua análise crítica do que foi observado. Por subsidiar uma decisão judicial, o parecer social tem caráter indicativo e interventivo.

Nesse sentido, nos reportamos a Fávero para embasar nossas afirmações, pois, segundo a autora,

> O parecer social diz respeito a esclarecimentos e análises, com base em conhecimento específico do Serviço Social, a uma questão ou questões relacionadas a decisões a serem tomadas. Trata-se de exposição e manifestação sucinta, enfocando-se objetivamente a questão ou situação social analisada, e os objetivos do trabalho solicitado e apresentado;

a análise da situação, referenciada em fundamentos teóricos, éticos e técnicos, inerentes ao Serviço Social — portanto, com base em estudo rigoroso e fundamentado — e uma finalização, de caráter conclusivo e indicativo (Fávero, 2014, p. 58-59).

Essas considerações conceituais, em nosso ponto de vista, devem demarcar toda e qualquer perícia realizada na área sociojurídica.

Ao/À profissional, cabe ter clareza quanto à sua contribuição a partir de uma perícia em Serviço Social, por exemplo, em situações de disputa de guarda, regulamentação de visitas, entre outras, que será a de desvelar aos operadores do Direito a realidade social dos/as jurisdicionados/as e dar visibilidade ao nosso trabalho, bem como instruir o alcance e os limites profissionais, inclusive no que se refere às acusações de alienação parental.

O Serviço Social tem relevante papel nas perícias de varas da família, sejam quais forem as ações, pois analisa e apresenta a realidade social dos sujeitos envolvidos nos processos judiciais.

Assim, torna-se necessário que o/a assistente social domine temas ligados à família, relações sociais de sexo, trabalho, entre outros; dadas as mudanças pelas quais a sociedade e a família vêm passando, como já apontamos no Capítulo II, é imprescindível que o/a profissional consiga correlacionar estas temáticas aos conflitos familiares.

A construção do laudo do Serviço Social deve priorizar os principais aspectos que sustentarão o parecer social, tanto em relação ao que foi identificado como às argumentações e ponderações.

Segundo Fávero (2014), o laudo não necessita ser detalhado em seus conteúdos, os quais podem ser documentados e arquivados, exceto nos casos em que o detalhamento, por algum motivo, é recomendado.

A fundamentação teórica numa perícia em Serviço Social voltada para as varas da família é de suma importância para o parecer técnico e para dar solidez ao trabalho da/o profissional. Ela demonstra que o/a perita/o não ficou focado em interpretar a realidade estudada somente por meio dos relatos, mas que esta/e assistente social se apoiou em teorias que analisam situações decorrentes do litígio e que envolvem as famílias da família na atualidade, dentre elas a alienação parental.

Isso não significa que, em todo o corpo do laudo, o/a perito/a do Serviço Social tenha de fazer citações ou menção a autoras/es, todavia, a forma de escrita e de elaboração da análise a respeito da situação apresentada deve indicar a coerência e o interesse da/o profissional em apresentar um trabalho ancorado nos preceitos ético-políticos, dos quais não poderá se abster ainda que, não raramente, o cotidiano e a prática rotineira o impeçam de se aprofundar, sobretudo nas disputas acirradas.

De fato, os casos litigiosos sempre demandarão maior atenção por parte dos/as profissionais, sejam elas/es operadoras/es do Direito, da Psicologia ou do Serviço Social.

Por mais que o/a perito/a do Serviço Social esteja habituado/a a lidar com os conflitos familiares, que são desgastantes, a partir do momento em que a/o técnica/o realiza a leitura dos autos, ela/e já está adentrando o universo de disputas, e a consagração se dá quando é realizado o primeiro atendimento.

Consideramos importante que, durante a perícia, o/a assistente social busque uma aproximação técnica equilibrada com ambas as partes, a fim de que não seja acusado/a de ter beneficiado uma em detrimento da outra.

Muitas vezes, uma escuta atenta possibilita que o/a profissional identifique se, antes da separação, um dos genitores dificultava, ainda que veladamente, a participação do outro de maneira ativa na vida dos/as filhos/as ou, até mesmo, se o pai ou a mãe, por conveniência, mantinha-se direta ou indiretamente afastado dos cuidados e decisões a respeito das crianças e adolescentes.

Nossa experiência prática nas varas da família tem demonstrado que, em geral, as acusações de AP são feitas pelo/a pai ou mãe que não está exercendo a guarda e tem como objetivo a reversão dessa. Não havendo outro motivo que justifique a mudança de guarda, pode se tornar um forte álibi.

O mesmo ocorre nas situações em que, eventualmente, são feitas falsas denúncias de abuso sexual por parte do/a genitor/a que não quer abdicar da guarda ou intenta dificultar o convívio das/os filhas/os com o pai ou a mãe. E ainda que nessas situações em que a perícia em Serviço Social[5] identifique evidências, dentro de suas especificidades, de que não houve violência sexual, não significa que a/o assistente social tenha que afirmar de forma imediata e mecanicista que se trata de alienação parental. Inclusive porque, como já mencionado, não temos o condão de emitir diagnósticos de alienação parental.

Partindo da realidade brasileira, o Ministério da Saúde, ao divulgar no ano de 2018 a análise epidemiológica da violência sexual contra crianças e adolescentes no Brasil[6], de 2011 a 2017[7], trouxe importantes dados sobre o perfil das vítimas e agressores, revelando que 39,85% dos agressores tinham vínculo familiar com a vítima. A pesquisa também revelou que, embora tenham aumentado as denúncias desse tipo de violência, ainda há subnotificação, mesmo com a implementação do Viva[8].

O Ministério da Mulher, da Família e dos Direitos Humanos divulgou em maio/2020 dados sobre a violência sexual contra crianças e adolescentes recebidos por meio do "Disque Direitos Humanos" no ano de 2019[9], que correspondem a 17 mil ocorrências (11% do total de denúncias). De acordo com o levantamento, esses dados se mantiveram

---

5. Recomenda-se que nas situações envolvendo suspeita de abuso sexual, a perícia em Serviço Social ocorra concomitantemente à perícia psicológica. Tendo em vista que essa violência envolve, também, questões de ordem psicológica, a discussão do caso e a avaliação conjunta poderão trazer luz às análises sociais para compreender a dinâmica relacional familiar.

6. Boletim Epidemiológico — Secretaria de Vigilância em Saúde — Ministério da Saúde. Volume 49/jun. 2018. Disponível em: https://portaldeboaspraticas.iff.fiocruz.br/wp-content/uploads/2019/07/2018-024.pdf. Acesso em: 23 mar. 2022.

7. Até o momento, essa é última pesquisa realizada pelo Ministério da Saúde sobre a análise epidemiológica da violência sexual contra crianças e adolescentes.

8. Sistema de Vigilância de Violências e Acidentes implantado pelo Ministério da Saúde em 2011, no qual as notificações de violências, no âmbito da saúde, tornaram-se compulsórias nos serviços públicos e privados.

9. Disponível em: https://www.gov.br/mdh/pt-br/assuntos/noticias/2020-2/maio/ministerio-divulga-dados-de-violencia-sexual-contra-criancas-e-adolescentes. Acesso em: 23 mar. 2022.

praticamente estáveis em comparação ao período de 2018, com relativa queda de 0,3%.

Uma vez que a violência sexual ainda é tida como um tabu, e, considerando que nem todas as famílias denunciam, nas situações em que nos casos denunciados não houver confirmação de abuso sexual, forem considerados como sendo de alienação parental, poderá deslegitimar pais/mães e outras/os familiares que buscam proteger crianças e adolescentes diante de uma suspeita, conforme bem se manifestou o Conanda, em Nota Pública referente à AP.

Nessa linha sobre as percepções da/o profissional durante a perícia em Serviço Social, cabe ressaltar a relevância de sua visão sobre as figuras centrais, ou seja, as/os filhos que estão no centro da disputa. É fundamental que o/a perito/a social esteja atento/a, no sentido de identificar como a criança ou a/o adolescente se percebe nessa família e, da mesma forma, como o pai e a mãe priorizam os cuidados com os/as filho/as.

É necessário que o laudo social acerca de casos litigiosos contemple os aspectos que aqui foram destacados, todavia, há que se ter cautela para que não expresse juízos de valor, controle e conservadorismo por meio do parecer do Serviço Social.

Ainda sobre a perícia em Serviço Social, quando determinada a sua realização, as/os envolvidas/os no processo têm direito a indicar um/a assistente técnico/a que poderá apresentar quesitos à/ao perita/o[10] (art. 465, § 2º, III do Novo Código de Processo Civil).

Conforme Gois e Oliveira (2019, p. 59), a/o assistente técnica/o "é o assistente social contratado pela pessoa que desencadeou o processo ou pela pessoa a quem se dirige o processo". O papel da/o assistente técnica/o, além de realizar o estudo social em Serviço Social, apenas,

---

10. Os quesitos se referem ao rol de perguntas apresentadas pelas pessoas envolvidas na disputa e podem ser formulados tanto pela/o advogada/o como pela/o assistente técnica/o; nesse caso, a/o assistente técnica/o só poderá apresentar quesitos à/ao perita/o de sua mesma área de formação. Também é prevista a apresentação de suplementares, após a apresentação do laudo pericial, conforme art. 469 do Novo Código de Processo Civil.

da pessoa que o contratou, é, também, acompanhar a realização da perícia e, ao final, emitir manifestação a respeito do resultado pericial.

O referido código estabelece, no art. 466, § 2º, que a/o perita/o do juízo deve possibilitar que a/o assistente técnica/o participe de todas as diligências, o que entendemos como um fator que pode, além de comprometer o trabalho da/o perita/o, limitar a autonomia profissional. Consideramos que a presença da/o assistente técnica/o durante a perícia pode, de certa forma, trazer desconforto e constrangimento à pessoa que está sendo periciada, o que pode ter implicações do ponto de vista ético.

Numa perícia que envolve, por exemplo, acusações de alienação parental, a presença da/o assistente técnica/o durante a entrevista ou visita domiciliária pode inibir o/a periciando/a, dificultando que haja naturalidade ou fluidez em seus relatos, especialmente, em relação a crianças e adolescentes, ocasionando importantes prejuízos na obtenção de informações sobre o percurso sócio-histórico e dinâmica relacional da família.

Entendemos que por parte da/o assistente técnica/o, que da mesma forma que a/o perita/o assistente social, estando submetido ao Código de Ética profissional (CFESS, 2014; 2011) e respeitando o direito ao sigilo das pessoas que são atendidas, bem como valendo-se da sua autonomia profissional, deveria ter como premissa a não participação nas diligências, conforme o § 2º do art. 466 do Código de Processo Civil.

No caso do Tribunal de Justiça do Estado de São Paulo foi publicado o Provimento CG n. 12/2017, considerando o pleito da Seção Técnica de Serviço Social das Varas da Família do Fórum João Mendes, da Associação de Assistentes Sociais e Psicólogos do TJ-SP e do Núcleo de Apoio Profissional da Coordenadoria da Infância e Juventude do TJ-SP[11], o qual estabeleceu conforme o art. 1º que:

---

11. Importante destacar o protagonismo da Seção Técnica de Serviço Social das Varas da Família do Fórum João Mendes na elaboração e apresentação do posicionamento sobre a interferência do/a assistente técnico/a durante a perícia em Serviço Social, bem como a participação do CRESS-SP durante o processo de discussão e reflexões, de forma coletiva.

O acompanhamento das diligências mencionado no § 2º do art. 466 do Código de Processo Civil não inclui a efetiva presença do assistente técnico durante as entrevistas dos psicólogos e assistentes sociais com as partes, crianças e adolescentes (parágrafo único).

A perícia em Serviço Social é, em muitos casos, o único momento em que as pessoas têm a possibilidade de expor seus pontos de vista diante do conflito familiar vivenciado, não podendo ser, portanto, considerado mero espaço de acompanhamento de diligências.

Diante dos desafios, responsabilidades e compromisso ético-políticos que a perícia em Serviço Social requer, não se pode deixar de trazer para o debate a emergência de dois temas intrinsecamente ligados a essa perícia e relevantes para o trabalho na área sociojurídica: os cursos de perícias e a teleperícia.

No caso de cursos de perícia em Serviço Social, têm emergido modalidades que se propõem a formar peritas/os (alguns de forma apelativa) em um curto espaço de tempo, supostamente, "capacitando" as/os profissionais para atuarem nos tribunais de justiça sem concurso.

Não estamos nos colocando contra a existência de cursos de capacitação, porque seria uma contradição, uma vez que no decorrer deste trabalho, defende-se a formação continuada, inclusive, porque é um dos princípios da profissão.

Os tribunais de justiça podem se valer do cadastro de profissionais de diversas áreas, inclusive, Serviço Social, e nomear peritas/os, conforme o art. 156 do Código do Processo Civil (CPC/2015) e Resolução n. 233[12] do Conselho Nacional de Justiça (2016).

De acordo com art. 2º da referida resolução, cada tribunal publicará o edital com os requisitos a serem cumpridos, e no § 3º do art. 4º o cadastro junto ao banco de peritas/os ou nomeação da/o profissional não gera vínculo empregatício ou estatutária, assim como não gera obrigação previdenciária.

---

12. Disponível em: https://atos.cnj.jus.br/files/resolucao_233_13072016_15072016133409.pdf. Acesso em: 23 mar. 2022.

A crítica é, sobretudo, aos cursos cujas propostas de formação se mostram frágeis, precárias, aligeiradas e que transmitem a ideia de rápida absorção no "mercado de trabalho", com "ganhos extras" ou "bicos" (Rocha, 2020). É um discurso palatável, que somado aos constantes anúncios sobre cortes no orçamento público e que atingem de maneira expressiva a contratação de profissionais em vários setores[13], inclusive, no Poder Judiciário[14], favorece à "crescente massa subutilizada, terceirizada, intermitente e precarizada em praticamente todos os espaços de trabalho" (Antunes, 2020).

O que se defende é tanto a formação profissional de qualidade, conforme os preceitos do Código de Ética, como também a luta coletiva pela defesa de concursos públicos que possibilitem a contratação de profissionais de carreira, pois, conforme Rocha (2020, p. 121), "a perícia [em serviço] social é uma atribuição profissional que se constrói e consolida na experiência concreta do cotidiano, por meio de estudo, dedicação e compromisso ético-político".

Em relação à teleperícia, ou perícia por videoconferência, é um tema que tem suscitado questionamentos sobre a sua viabilidade e, certamente, tem consideráveis implicações do ponto de vista das atribuições profissionais.

Contextualizando o tema teleperícia, com a pandemia da covid-19, no ano de 2020, e a necessidade do isolamento social como forma de prevenção de contaminação pelo novo coronavírus, os tribunais de justiça, por meio da Resolução 313/2020[15] do Conselho Nacional de Justiça, implantaram o trabalho remoto[16].

---

13. Já em 2019, o presidente Jair Bolsonaro tinha anunciado que nos próximos anos "dificilmente" teriam novos concursos. Com o agravamento da crise econômica agudizada pela crise sanitária causada pela pandemia do novo coronavírus, o programa de enfrentamento se deu pela Lei Complementar n. 173, sancionada em maio/2020, que, dentre outras medidas, suspendeu tanto a validade dos concursos em andamento, como a criação de concursos que não sejam para reposição de pessoal até dez./2021.

14. A exemplo do Tribunal de Justiça de São Paulo que em abril e maio publicou os Planos de Contingenciamento n. 1 e 2, nos moldes da Lei Complementar anteriormente citada.

15. Disponível em: https://atos.cnj.jus.br/files/original221425202003195e73eec10a3a2.pdf. Acesso em: 23 mar. 2022.

16. O trabalho remoto é aquele realizado a distância, a exemplo do teletrabalho e do *home office*. O teletrabalho, que está previsto na Lei n. 13.467/2017 (http://www.planalto.gov.br/

Esse cenário que se prolongou em razão do aumento de contaminação e de mortes, com especial risco para as pessoas com comorbidades, suscitou a realização de teleperícias como alternativa de atendimento.

É importante destacar que com a necessidade do trabalho remoto, muitas/os profissionais passaram a arcar com as custas/gastos de recursos tecnológicos, além do uso de linha telefônica e internet próprios, muitas vezes com adaptações no espaço residencial.

Condições essas que se somam à realidade familiar de cada profissional em termos de trabalho doméstico, cuidados com filhas/os e idosas/os com os quais residem e que, certamente, impactam na realização de atividades profissionais.

Este contexto provocou a mobilização do conjunto CFESS/CRESS que emitiu posicionamentos e notas técnicas com as possíveis implicações éticas sobre a teleperícia promovendo, também, o debate coletivo como forma de viabilizar alternativas e discutir as possibilidades dessa modalidade de atendimento.

Destacam-se as notas técnicas publicadas em julho/2020 pelo CRESS-SP e pelo CFESS nas quais, em seus respectivos documentos, demonstram claramente as limitações da teleperícia, pois as perícias em Serviço Social:

> [...] por meios exclusivamente remotos limitam a realização de processos avaliativos e prejudicam a emissão de pareceres conclusivos, devendo os/as profissionais posicionar-se sobre as possibilidades e limites, de acordo com as condições de trabalho em relação à demanda (CFESS, 2020, p. 13).

---

ccivil_03/_ato2015-2018/2017/lei/l13467.htm), conforme Antunes (2020), se caracteriza pelo não controle da jornada de trabalho e, por conseguinte, não são pagas remunerações adicionais, com exceção do reembolso com despesas, como internet e similares. As condições de trabalho devem constar no contrato, conforme a lei citada. Já o *home office*, ainda que seja uma modalidade de trabalho remoto, é eventual e as atividades realizadas em casa são as mesmas que as da empresa, inclusive, com a mesma jornada e/ou carga horária. Os direitos trabalhistas nessa modalidade são os mesmos que na condição presencial.

Da mesma forma, o CRESS-SP ponderou sobre as fragilidades do atendimento remoto no caso de assistentes sociais que assessoram juízes/as com a emissão de pareceres e opiniões técnicas.

Assim, em situações envolvendo acusação de alienação parental ou abuso sexual, por exemplo, entende-se que a teleperícia é inexequível (Rocha, 2020). Conforme Maurílio Castro de Matos[17], em alguns espaços sócio-ocupacionais em que as/os assistentes sociais emitem pareceres que podem alterar a vida das pessoas atendidas, torna-se difícil iniciar uma perícia por meios virtuais. A entrevista por meio das Tecnologias da Informação e Comunicação (TICs) só deve ser realizada se for imprescindível para o direito de quem se atende, por isso cada situação será devidamente avaliada pela/o profissional, garantindo-se o sigilo das pessoas atendidas, caso contrário, não deve ser viabilizada.

Ratificando as reflexões anteriores, nos reportamos novamente à Nota Técnica do CFESS porque:

> [...] existem limitações que podem ser intransponíveis à realização de estudos sociais com a finalidade de emissão de opinião técnica à distância, considerando as responsabilidades inerentes na realização do estudo, as condições éticas e técnicas de trabalho e seus impactos sobre a vida dos sujeitos envolvidos (CFESS, 2020, p. 16).

Por todos os desafios e responsabilidades éticas que a perícia em Serviço Social em outro contexto adverso ao da pandemia impõe à/ao profissional, há que se analisar a real possibilidade de uma teleperícia ser realizada no espaço doméstico (ou mesmo no ambiente de trabalho) e, ainda assim, garantir o sigilo das informações para as pessoas atendidas.

Considerando que não há como garantir que as pessoas entrevistadas estejam sozinhas ou acompanhadas de suas/seus advogadas/os,

---

17. Maurílio Castro de Matos, professor adjunto na Universidade Estadual do Rio de Janeiro, em uma "live" com o tema "A Ética no Atendimento às Crianças. Adolescentes e Famílias". Disponível em: https://www.youtube.com/watch?v=pVby2ef-ty8. Acesso em: 23 mar. 2022.

inclusive no caso de crianças dado o risco de serem influenciadas, a teleperícia é viável?

Não se faz atendimento remoto por pressão institucional ou "para se livrar do trabalho" (nas palavras de Borgianni, 2013, o possibilismo), mas é preciso avaliar como e se esta modalidade viabilizaria acesso e garantia de direitos às/aos usuárias/os e em quais situações ela é, de fato, possível de ser realizada. Assim, reitera-se

> [...] a inviabilidade deste instrumental — teleperícia — para apreender e analisar a realidade social dos sujeitos envolvidos, numa perspectiva da totalidade, para a emissão de um parecer técnico e conclusivo que possibilite o acesso à garantia de direitos (Rocha, 2020, p. 118).

Tanto os cursos de formação de peritas/os como a teleperícia são temas que certamente se correlacionam e requerem que os/as assistentes sociais estejam atentos/as às repercussões de ambos na formação e no exercício da profissão. Por isso, as reflexões aqui apresentadas não se esgotam e exigem debate aprofundado pelo conjunto da categoria profissional.

3.2.2 A imediaticidade pode (in)existir na prática profissional?

Como já abordado, o cotidiano profissional do/a assistente social é permeado por inúmeros desafios inerentes ao trabalho social com famílias que vivenciam processos de litígio.

Conforme Valente (2008), esses desafios surgem em decorrência dos próprios impasses que as famílias vivenciam: conciliar a realização pessoal e os deveres com a parentalidade.

Ao/À assistente social, numa perícia, cabe conhecer, entender e interpretar esse arranjo e organização social para o/a juiz/a, de maneira que, ao emitir o seu parecer, possa de forma objetiva auxiliá-lo/a numa decisão que, embora seja na perspectiva do melhor interesse da criança, terá efeitos na vida do pai, da mãe e demais familiares.

O teor do parecer, sendo garantida à/ao assistente social a livre manifestação técnica, se refere à opinião profissional obtida através de um rigoroso estudo social em Serviço Social. Algumas indagações a este respeito e à imediaticidade nos levaram às seguintes reflexões: valores pessoais podem estar presentes na atuação da/o assistente social de forma a interferir em sua opinião técnica? A formação continuada capacita a/o técnica/o para uma visão crítica e apurada da realidade? O espaço profissional da/o assistente social possibilita que ela/e esteja atenta/o a estes aspectos?

Numa mesma instituição profissional, as questões anteriores podem se colocar de distintas formas, conforme a realidade social em que se atua. A partir da troca de experiência[18] de profissionais que atuam no Tribunal de Justiça, em seus diversos Foros e Comarcas, observamos que as equipes técnicas atuam de diferentes formas, dadas as particularidades de cada realidade e as condições de trabalho que lhes são impostas.

Diante dessas diferentes realidades, volume excessivo de trabalho e posicionamentos pessoais, consideramos que a imediaticidade pode interferir no fazer profissional da/o assistente social.

Partindo do princípio de que esta realidade é dialética, ou seja, modifica-se constantemente, como a/o assistente social estaria depreendendo essa realidade?

Coelho (2013), ao discutir imediaticidade, traz em pauta a problematização de como as/os profissionais recebem informações externas e como elas são processadas. Nesta perspectiva da imediaticidade, a autora se refere àquela prática na qual

> Parece não haver teoria mediando esta relação. Teoria e prática aparentemente dicotomizam-se, são apreendidas como se fossem inacessíveis

---

[18]. Especialmente, a partir da participação, há mais de uma década, no Grupo de Estudos "Varas da Família". Os encontros do grupo ocorrem mensalmente, em conjunto com profissionais da área da Psicologia. No grupo, são estudados temas relativos ao trabalho das/os assistentes sociais e psicólogas/os nas varas da família e sucessões. Há outros grupos, com temáticas distintas, mas com a mesma proposta: discussão da prática profissional.

uma a outra, ou porque se concebe que a prática — aquela correspondente e necessária ao cotidiano — não requer o pensar, uma vez que não há perguntas, e as respostas são previamente demarcadas por procedimentos, normas e rotinas atribuídas; ou porque não se reconhece o pensamento intrínseco às práticas cotidianas, que resulta de largas mediações conectadas de forma imediata (Coelho, 2013, p. 91).

Entendemos que as atividades rotineiras e próprias do trabalho nas varas da família podem levar os/as profissionais, consciente ou inconscientemente, a práticas pautadas pela imediaticidade, caso a/o profissional não esteja atenta/o à forma como realiza os seus processos de trabalho.

O dia a dia nas varas da família, muitas vezes, exigirá da/do profissional destreza para "administrar o caos", que ora se apresenta como prazos curtos para a realização de uma perícia, ora como cobrança de laudos, precárias condições de trabalho, incluindo-se aí espaços inadequados para atendimento às famílias, entre tantos outros limites que são impostos às/aos assistentes sociais e psicólogas/os.

Segundo Coelho (2011), o movimento dialético permite à/ao profissional passar de um nível ao outro em seu processo de conhecimento, por meio da mediação.

Se tendermos a fazer conexões imediatas em nossa prática profissional, ou seja, captarmos as informações pautando-nos na certeza sensível, na qual prevalece o "aqui agora", o saber imediato poderá direcionar as nossas ações ancoradas na imediaticidade.

A certeza sensível se refere à falsa ideia e à certeza de que o nosso conhecimento prévio é a "verdade universal", pois

> A experiência profissional do assistente social, quando alojada somente na certeza sensível, anuncia uma verdade referente ao fazer ou ao exercício profissional sustentada no aqui e no agora singulares que aparecem como universais. Essa verdade somente toma força à medida que se relaciona com o Outro, ou seja, com a negação de uma verdade, e, por isso, ela se desvanece no Outro (Coelho, 2011, p. 26).

Nas palavras da autora, "a certeza sensível [está] alojada na experiência do senso comum do cotidiano [e] assenta-se na verdade do sujeito e do objeto singulares que ainda não é a verdade porque se desvanece na verdade de um outro aqui e agora" (Coelho, 2011, p. 26).

Significa dizer que tudo que é apresentado e processado no imediatismo é considerado "verdade universal".

Diante de um processo de disputa de guarda em que a alienação parental pode ser a alegação de uma das pessoas envolvidas na lide, a/o assistente social que desconhece o seu significado ou parte de concepções de alienação parental pautadas no senso comum corre o risco de deduzir, por meio da certeza sensível, que isso está acontecendo.

A certeza sensível também se manifesta de outras formas, como em situações nas quais a/o assistente social afirma que os conhecimentos teórico-metodológicos e ético-profissionais adquiridos em sua formação não são possíveis de ser aplicados em sua prática profissional, por exemplo, quando declara que, na prática, a teoria é outra. Nessas situações, a/o assistente social está manifestando sua verdade, que é uma verdade individual e que vem do saber imediato, isto é, a certeza sensível, que advém da sua experiência cotidiana (Coelho, 2013; 2011).

Quando afirma que "a verdade está em sua experiência prática cotidiana porque dela advém o saber imediato relativo ao seu fazer profissional" (Coelho, 2011, p. 28), significa que, em tese, já ocorreu o encontro do sujeito com o objeto, por meio de mediações. Esse fazer profissional é, contudo, embasado na certeza sensível e se relaciona com um não ser.

Não sendo baseadas nos preceitos teórico-metodológicos e ético-profissionais, as ações profissionais se tornam frágeis diante das demandas. Se a/o profissional afirma que "se basta", ela/e está dizendo que apenas a sua experiência prática é suficiente para direcionar as suas ações.

No entanto, conforme Guerra (2005), tal afirmação é falsa, pois ela parte do princípio de que um/a profissional que se pauta no projeto ético-político da profissão e está atenta/o às novas demandas que surgem não pode se valer deste argumento.

Para superar este problema, a referida autora propõe que façamos uma revisão crítica dos fundamentos teóricos que dão sustentação às nossas ações e dos pressupostos políticos e ideológicos que estão por trás delas.

Guerra (2005) defende, assim, que o método capaz de ir além do aparente é o método dialético que, juntamente aos pressupostos da nossa profissão, pode transformar o cotidiano e a sociedade, o que já estamos defendendo ao longo desta pesquisa.

A imediaticidade também pode levar a práticas fragmentadas, assim como à naturalização dos acontecimentos. Isto porque, segundo Coelho (2011), a/o profissional pode ser levado a ignorar os problemas e as expressões da questão social.

Por exemplo, quando o/a profissional é demandado/a para realizar um estudo sobre determinada situação social e, ao se deparar com a realidade apresentada, verifica que há outras demandas diferentes daquela inicial, mas prefere não as apontar em seus estudos, como se elas não existissem.

Outra característica presente na imediaticidade é a preocupação excessiva em quantificar os trabalhos (Coelho, 2011), inclusive os relatórios, resultando numa prática burocrática. Não significa que estamos afirmando que não devam ser quantificados, mas o objetivo final dos resultados deve ser o de viabilizar melhores condições para uma atuação profissional com qualidade.

Diante do quadro apresentado, indagamos: há perspectivas de superação destas dificuldades? Ou seja, é possível buscarmos uma alternativa à imediaticidade?

A superação será aquela prática na qual a/o profissional se pauta na perspectiva histórico-crítica, que, segundo Coelho (2011, p. 40), possibilita a percepção da "prática [profissional] como uma atividade sensivelmente humana, transformadora" e que faz parte do conjunto de relações sociais nas quais estamos inseridos.

Ao fazer a correlação desta discussão com o trabalho nas varas da família, temos que refletir se a imediaticidade não está balizando nossas ações profissionais, ainda que de maneira velada e não refletida.

Quando nos remetemos à alienação parental, que tem sido largamente propagada no âmbito das disputas litigiosas, consideramos que nós, assistentes sociais, devemos ter uma análise crítica e cuidadosa que esta questão exige, a fim de evitar que práticas imediatistas demarquem nossos estudos e comprometam a qualidade de nossos laudos.

A superação da imediaticidade, conforme Coelho (2011), é possível por meio de uma prática profissional que, numa perspectiva crítica e histórica, leve em conta os fundamentos teórico-metodológicos, ético-políticos e técnico-operativos.

De acordo com a autora, "entende-se imediaticidade como uma categoria reflexiva que designa certo nível de recepção do mundo exterior pela consciência" (Coelho, 2011, p. 23). Este risco, segundo ela, tende a aumentar quando a/o profissional, em meio à rotina e a ações muitas vezes pautadas no senso comum — certeza sensível —, não consegue correlacionar os conhecimentos obtidos em sua formação com o seu cotidiano profissional.

Como já exposto, aquela célebre frase "na prática a teoria é outra" é repetida por profissionais que valorizam muito mais o conhecimento oriundo de suas próprias experiências, ou seja, a certeza sensível, do que aquele que é obtido através da formação e capacitação profissional contínua:

> O profissional cuja prática profissional orienta-se pela certeza sensível não considera a direção social que se põe em movimento por meio da objetivação de seu trabalho. Ele considera que o fazer profissional é por ele instituído, é o seu objeto singular. O conteúdo contido nessa prática restringe-se ao que é suficiente para o desencadeamento de prontas respostas prático-utilitárias. Trata-se de uma prática cuja significação aparentemente se encontra nela mesma, em si (Coelho, 2011, p. 29).

A imediaticidade pode se manifestar no trabalho do/a assistente social que atua nas varas da família de diversas formas, sobretudo se a/o profissional não estiver capacitada/o para lidar com as diversas formas de expressões da questão social presentes no contexto do litígio.

Quando o/a assistente social não consegue compreender essas manifestações e, ao mesmo tempo, considerar a singularidade de cada caso, de cada situação, e considera como sendo "mais um atendimento", corre o risco de acreditar que "eu já conheço esta história" e que tem uma resposta pronta.

Se a/o profissional ancorar sua prática na certeza sensível, não conseguirá avançar nas ideias e perspectivas que irão exigir mais criticidade diante dos conflitos familiares com os quais lida cotidianamente. Compreender as relações entre as pessoas, "os laços e os nós", pode ser uma tarefa árdua, mas instigante, na medida em que o/a assistente social consiga, a partir disso, fazer as conexões com a realidade social.

Conforme Coelho (2013), quanto menos recursos teóricos o/a assistente social acessar em sua prática profissional, mais imediata ela será. Isso significa que menores são as chances de que o/a profissional faça mediações entre a aparência e a essência.

Nesse sentido, no trabalho nas varas da família, da mesma forma que em outras áreas de atuação, o/a assistente social também está sujeito/a a uma prática imediatista, daí a importância de constante atualização profissional frente às diversas transformações sociais e que têm importante impacto no cotidiano profissional.

3.2.3 A autonomia profissional — superando os desafios

O atual contexto social, político e econômico que tem se agravado, sobretudo, pela crise global, tem afetado de forma substantiva as relações sociais. Ao trabalhar na área sociojurídica verificamos, *in locu*, a repercussão dessa crise nos conflitos familiares, que têm levado, cada vez mais, as pessoas a buscarem a solução, de modo contraditório, pelas vias litigiosas.

Em nosso ponto de vista, um trabalho que leve em conta as questões colocadas naturalmente exige que o/a assistente social amplie sua visão para além da mesa ou do balcão de atendimento de seu espaço profissional.

Partimos do pressuposto de que o/a profissional deve estar capacitado/a para compreender toda esta dinâmica que diz respeito tanto a questões de ordem "privada", ou seja, das relações estabelecidas entre os membros familiares, como a fatores externos e de que forma podem afetar essas relações.

Conforme Iamamoto (2001), o desafio contemporâneo da/o assistente social é atuar na realidade por meio da prestação de serviços com qualidade e compromisso ético com a população para a qual direciona suas ações.

A questão social contemporânea que se expressa na violência, no desemprego, na "negligência" dos pais, nos conflitos familiares e no que tem se tornado um jargão, a alienação parental, não pode ser tomada pelo/a profissional somente a partir dos relatos ou de provas documentais, por exemplo. Nas palavras de Iamamoto (2001, p. 20),

> Alargar os horizontes, olhar para mais longe, para o movimento das classes sociais e do Estado em suas relações com a sociedade; não para perder ou diluir as particularidades profissionais, mas, ao contrário, para iluminá-las com maior nitidez. Extrapolar o Serviço Social para melhor apreendê-lo na história da sociedade da qual ele é parte e expressão.

A partir de um compromisso assumido com a classe trabalhadora, que também é demandante dos nossos atendimentos nas varas das famílias, torna-se possível acessar essa realidade e decifrá-la (Iamamoto, 2001).

Além disso, o/a profissional deve ter claro que, sendo um/a trabalhador/a que vende a sua força de trabalho, também produz serviços que irão atender (ou não) às necessidades sociais da população atendida, daí a importância de um trabalho com qualidade.

A clareza desses aspectos, assim como do compromisso com a população atendida no sociojurídico, ou seja, os/as filhos/as e os/as genitores/as, entre outros, possibilita a realização de um trabalho pautado na autonomia profissional. Mas o que, de fato, seria esta autonomia?

De acordo com Iamamoto (2001), ainda que o/a assistente social seja uma "profissional liberal", já que a profissão é regulamentada, não detém os meios necessários para a execução de seu trabalho, os quais são fornecidos pela instituição em que atua, sendo eles os recursos materiais e humanos que, segundo a autora, são os requisitos necessários para a atividade profissional autônoma.

Por isso, o/a assistente social tem uma "autonomia relativa". Por exemplo, atuando no Tribunal de Justiça, especificamente nas varas da família como perita/o em Serviço Social, precisamos de salas para atendimentos, transportes para realização de visitas domiciliares e institucionais, telefone para contatar as pessoas que atendemos, assim como para acionar a rede quando necessário, e, por fim, precisamos de computadores para registro das informações e, principalmente, elaboração do produto final de nossa perícia, que é o laudo do Serviço Social.

Sem esses requisitos, torna-se impossível realizarmos nosso trabalho, devendo a instituição nos oferecer condições para que ele seja executado com qualidade.

Sobre outros aspectos que envolvem a autonomia profissional, o que, de fato, caracteriza o exercício dessa autonomia, ainda que relativa?

Mesmo que a instituição forneça os recursos necessários para a realização do nosso trabalho, não é ela quem definirá a forma técnico-operativa de sua realização.

Um exemplo que podemos citar de autonomia profissional é termos liberdade para definir, na realização de uma perícia, os instrumentais técnico-operativos que serão utilizados durante o estudo social em Serviço Social e para a elaboração do laudo, já que a/o assistente social pode definir "a forma de condução de atendimento junto a indivíduos e grupos sociais com o quais trabalha" (Iamamoto, 2001, p. 96).

Ainda que a/o assistente social deva "submeter-se às exigências impostas por quem comprou o direito de utilizá-las durante um certo período de tempo conforme as políticas, diretrizes, objetivos e recursos da instituição empregadora" (Iamamoto, 2001, p. 97), a sua autonomia se realizará na forma de conduzir suas ações.

Significa que a/o assistente social deve defender, coletivamente, as atribuições privativas e competências profissionais como forma de fortalecer essa relativa autonomia (CFESS, 2012).

Não obstante, a escolha dos instrumentais ainda tem sido motivo de discussões técnicas, já que alguns/mas juízes/as determinam a realização de visita domiciliária, embora esta seja uma prerrogativa da/o assistente social.

Nessa perspectiva, seu instrumental de trabalho, como já dito, concretizaria essa autonomia, porém, a forma como a/o profissional faz a leitura da realidade em que atua é que dará o rumo à sua autonomia. O Código de Ética Profissional, nesse sentido, fornece amparo no que se refere à autonomia, na medida em que define como valor ético central a liberdade.

Essa liberdade, conforme Iamamoto (2001), se expressa na emancipação e defesa intransigente dos direitos humanos da população atendida, mesmo que isso se choque com os interesses institucionais:

> Seu trabalho situa-se predominantemente no campo político-ideológico: o profissional é requerido para exercer funções de controle social e de reprodução da ideologia dominante junto aos segmentos subalternos, sendo seu campo de trabalho atravessado por tensões e interesses de classes. A possibilidade de redirecionar o sentido de suas ações para rumos sociais distintos daqueles esperados por seus empregadores — como, por exemplo, nos rumos da construção da cidadania para todos; da efetivação de direitos sociais, civis, políticos; da formação de

uma cultura pública democrática e da consolidação da esfera pública (Iamamoto, 2001, p. 98).

Dessa forma, entendemos que a autonomia profissional da/o assistente social atuante nas varas da família, considerando a premissa do projeto ético-político, também poderá se manifestar no parecer técnico emitido no laudo do Serviço Social.

Esse parecer, ou seja, a opinião técnica da/o assistente social, deve se pautar em dados objetivos, fruto de uma análise cuidadosa da realidade social estudada. Isso significa dizer que essa análise não deverá expressar valores pessoais e morais. Conforme Barroco e Terra (2012, p. 87), "a objetivação ética do compromisso com os usuários supõe uma postura responsável e respeitosa em relação às suas escolhas, mesmo que elas expressem valores diversos dos valores pessoais do profissional".

Destarte, voltamos a afirmar a necessidade de que a/o assistente social busque a formação continuada, qualificando, assim, suas respostas profissionais. A formação e/ou capacitação profissional continuada é um dos princípios da profissão, e, portanto, entende-se que as equipes que assessoram o trabalho técnico nos diversos espaços sócio-ocupacionais devem ter a atenção voltada para esse aspecto, no sentido de fomentar nas instituições empregadoras que viabilizem cursos a todos/as profissionais.

3.3 A Lei de Alienação Parental e o papel do assistente social — em busca de um consenso

Ancorados na tese de Richard Gardner, muitos dos discursos sobre a alienação parental, mesmo no âmbito do Serviço Social, mostram-se imprecisos, sem apontar ou trazer para o debate outros aspectos que podem estar relacionados às alegações de alienação parental, para além do litígio e da vingança, como as relações sociais e familiares, as responsabilidades parentais e questões macro, como desemprego, violência, entre outras. Acreditamos que tudo isto resulta em conflitos familiares, os quais muitas vezes têm sido chamados de alienação parental.

Em geral, as publicações reproduzem as mesmas afirmações feitas por Gardner. Ora trazem severas críticas às/aos genitoras/es, em geral, às mulheres, ora as/os autoras/es trazem as suas próprias convicções e conclusões sobre a SAP ou a AP.

Muitas/os profissionais, sobretudo do Direito, descrevem e se posicionam sobre a AP, um tema tão complexo e de caráter subjetivo, com bastante convicção, sem, no entanto, estabelecer relações com a perspectiva dos direitos humanos à convivência familiar, apontando apenas os aspectos jurídicos que envolvem a AP.

Diante de tanta complexidade que envolve as relações familiares, ou seja, os vínculos conjugais e parentais, uma lei que se propõe a impedir que um pai ou mãe prejudique a relação das/os filhas/os com o outro genitor consegue alcançar a real complexidade que envolve a história destas pessoas quando decreta a AP e modifica a guarda, por exemplo?

Mesmo após a promulgação da Lei da AP, quem levantou bandeira pela sua aprovação continua na "luta" para que ela seja aplicada. O mesmo ocorre com a Lei da Guarda Compartilhada, promulgada dois anos antes. Nos documentos analisados, especificamente entrevistas de quem defendeu a aprovação da Lei de Alienação Parental, esta era vista como possibilidade de alcance para a guarda compartilhada.

Todavia, a própria Lei de Guarda Compartilhada sofreu alterações por meio da Lei n. 13.058 de 22 de dezembro de 2014 — a nova Guarda Compartilhada —, que nos parece uma "miscelânea" das Leis da Guarda Compartilhada com a Alienação Parental, especialmente quando estabelece que deve ter divisão equilibrada de tempo para convivência com o pai e a mãe.

A prática cotidiana tem revelado que caracterizar determinadas situações como sendo atos de alienação parental é algo complexo, pois isoladamente não podem, por si só, ser consideradas dessa forma.

Por isso, é necessário que o/a profissional, ao iniciar o estudo social em Serviço Social, esclareça o alcance do seu trabalho, assim como os objetivos e os caminhos que irá percorrer na realização da perícia.

A lei estabelece o conceito de alienação parental, mas nós, assistentes sociais, que somos constantemente chamados a opinar, temos experiência e conhecimento sólidos que permitem que nos posicionemos a seu respeito?

O que há de social nas questões que envolvem alienação parental? Essas são questões com as quais constantemente nos deparamos em nossa atuação profissional.

Ainda sobre a lei, cabe pontuar que, em nosso entendimento, ela não expressa de maneira objetiva como se dá a participação da/o assistente social. O artigo 5º estabelece a realização de perícia psicológica ou biopsicossocial a ser determinada pela/o juiz/a caso sejam observados indícios de alienação parental nas ações judiciais.

É fundamental ressaltar que, conforme Iamamoto (2004, p. 39 *apud* CFESS, 2008):

> [...] os assistentes sociais trabalham, certamente, com famílias, mas o fazem em um âmbito e com uma perspectiva distinta do psicólogo. Trabalhamos com famílias atuando no processo de viabilização dos direitos e dos meios de exercê-los. Requer considerar as relações sociais e a dimensão de classe que as conformam, sua caracterização socioeconômica, as necessidades sociais e os direitos de cidadania dos sujeitos envolvidos, as expressões da questão social que se condensam nos grupos familiares, as políticas públicas e o aparato de prestação de serviços sociais que as materializam etc. A dimensão "psi" tem, na divisão técnica do trabalho, outras áreas profissionais, legal e academicamente habilitadas para atuarem nesse campo.

A autora problematiza os riscos de utilização da nomenclatura psicossocial (assim como biopsicossocial), que já foi superada pela profissão, tendo em vista ser uma perspectiva conservadora e abarcar apenas as dimensões individuais, sem considerar a vida social como um todo, ao contrário, a fragmentando.

Considerando o teor do referido artigo, temos nos indagado se a perícia em Serviço Social está aí contemplada. A dimensão "biopsicossocial" pode dar respostas a uma análise social mais ampla, respeitando as especificidades da matéria do Serviço Social?

O Serviço Social tem sido chamado a dar conta dos aspectos sociais que envolvem as disputas judiciais e nas quais a alienação parental tem sido uma das demandas para a categoria profissional, sendo-lhe exigido experiência profissional e acadêmica para atuar nos casos dessa natureza.

É fundamental que a/o assistente social esteja capacitada/o para lidar com as mais variadas formas de expressão da questão social na área sociojurídica. A posição do Serviço Social sobre a alienação parental deve abarcar uma análise que ultrapasse a visão de "enquadrar" os pais e as mães dentro dos artigos estabelecidos na lei.

Ainda que à primeira vista a análise social da família atendida possa indicar a existência da alienação parental, não basta que a afirmemos. Em uma situação em que houve violência doméstica, por exemplo, ainda que o pai tenha agredido a mãe e não as/os filhas/os, é necessário considerar este histórico para explicar a resistência da genitora com relação à retomada dos vínculos entre pai e filhas/os ou mesmo à ampliação da convivência destes/as. O contexto familiar permeado pela violência doméstica não pode ser considerado mero conflito familiar.

Por outro lado, por mais contraditório que pareça, o fato confirmado da violência doméstica contra a mulher (em que as/os filhas/os não foram diretamente envolvidas/os) não é impeditivo para que o convívio com as/os filhas/os ocorra ou determinante para que seja suspenso, a menos que o estudo social em Serviço Social apresente elementos que indiquem a existência de riscos à segurança física e social de crianças e adolescentes.

Neste sentido, a visão do/a assistente social pode ser reveladora, na medida em que, por exemplo, apresente a forma como foi construída a relação entre pai e filhas/os, e se há perspectivas de que a manutenção dessa convivência construa um percurso distinto do contexto da violência que este genitor possa ter estabelecido com a mãe de seus/suas filhos/as.

O cotidiano profissional nas varas da família tem demonstrado que, nas perícias em Serviço Social em que a convivência familiar entre pais/mães e filhas/os foi prejudicada em decorrência de suspeita de violência sexual ou física que não se confirma, cujas famílias foram encaminhadas para serviços da rede, como o Serviço de Proteção Social à Criança e Adolescente Vítima de Violência (SPVV), é possível uma atuação conjunta, com enfoque na compreensão da dinâmica familiar. O alcance desse atendimento, que é para além dos muros do judiciário, possibilita que a família seja atendida nos serviços da rede de forma contínua.

Ao mesmo tempo, favorece que o/a perito/a pondere no laudo do Serviço Social a importância destes serviços, fazendo um chamamento aos operadores do Direito à necessidade de cobrar por parte do Poder Executivo a criação de novos espaços para atendimento da população que demandem questões desta natureza. Numa abordagem socioeducativa, possibilitar, também, o atendimento àquelas demandas em que os conflitos e as mútuas acusações de alienação parental se dão em função das dificuldades que os pais têm em separar questões conjugais das parentais.

Em outras situações, observamos *in locu* que, muitas vezes, as alegações de alienação parental vêm de pessoas que, ainda durante a relação conjugal, não conseguiram estabelecer relações de proximidade com as/os filhas/os ou já não tinham uma efetiva e notável participação na vida destes/as.

É comum nos atendimentos relatos de mulheres sobre como os homens, ainda durante o casamento, tinham participação ou não nos cuidados diretos das/os filhas/os e nas decisões que a estes diziam respeito.

Essa realidade tende a perpetuar, sobretudo se os homens saem de casa deixando as/os filhas/os e demais responsabilidades com as mulheres que, por assumirem definitivamente os encargos sobre a prole, dificilmente consultarão o pai. Nesse sentido, ainda que reiteradamente a mãe não consulte o pai nas tomadas de decisões, há que se indagar em que medida afirmar a ocorrência de alienação parental vai favorecer a solução do conflito familiar.

O desafio para o Serviço Social diante destas situações é, por exemplo, por meio de um estudo social comprometido com os preceitos profissionais, contextualizar as alegações, ou seja, se esta não participação se deu por ausência de quem acusa ou porque o pai ou a mãe já atuava de forma a anular a participação deste/a.

Acreditamos que o nosso trabalho não deva pura e simplesmente apresentar a verdade dos fatos, mas apresentar, por meio do laudo, a situação tal qual se mostra, com suas particularidades, mas que seja a mais coerente e próxima possível da realidade vivenciada pelas pessoas envolvidas.

Não basta levar em conta os atos isolados, enquadrando-os na lei, para que seja confirmada a alienação parental sem a devida análise aprofundada.

A posição que defendemos é a de que não cabe a/ao assistente social afirmar ou refutar a ocorrência de alienação parental, como estabelecido no art. 5º, § 2º: "A perícia será realizada por profissional ou equipe multidisciplinar habilitados, exigida, em qualquer caso, aptidão comprovada por histórico profissional ou acadêmico para diagnosticar atos de alienação parental".

Reconhecer a violação de direitos de crianças e adolescentes, nesse caso o da convivência familiar e comunitária, vai além de patologizar/medicalizar pessoas e relações familiares, reforçando estereótipos que recaem, sobretudo, em relação às mulheres (Rocha, 2019, p. 130).

Os/as profissionais devem estar atentos/as às armadilhas da lei, porque não há respaldo no Código de Ética Profissional que possibilite a emissão de laudos e pareceres técnicos com "diagnósticos", tal qual a lei estabelece (Rocha, 2020; 2022), como já enfatizado nesta obra.

Cabe-nos, assim, explicitar como se dá a dinâmica das relações socioafetivas na família, como afirmamos no decorrer desta pesquisa e em outras produções (Rocha e Souza, 2018; Rocha, 2018a; Rocha, 2019).

Como visto no capítulo anterior, ao que tudo indica, em um primeiro momento houve a disseminação e a defesa da existência de uma "síndrome" que estaria provocando rupturas nas relações parentais, ou seja, a alienação parental, discursos estes pautados nas afirmações do psiquiatra estadunidense, Richard Gardner. Mesmo não havendo comprovação científica de tais afirmações e não sendo a "síndrome" incluída no DSM-IV, suas ideias foram importadas para a realidade brasileira com poucos questionamentos e criticidade, e foram rapidamente absorvidas a partir do entendimento de cada área do saber.

Se antes de 2006, as famílias existiam, se o rompimento conjugal tem sido cada vez mais comum e se as crianças direta ou indiretamente estão envolvidas neste processo, por que somente neste ano se destacou a preocupação com essas questões? Elas são antigas, mas parecem surgir com uma nova roupagem e uma nova nomenclatura: alienação parental.

A alienação parental se tornou uma questão pública e, ganhando status de lei, passou a exigir direitos e deveres, determinando como se devem dar as relações parentais para formalidades constitucionais no que se refere ao exercício da paternidade e maternidade.

Parece-nos que a Lei de Alienação Parental, embora se proponha a garantir o direito das crianças e adolescentes vítimas ou possíveis vítimas, na verdade seria uma forma de regulação sobre as famílias (Sousa, 2015), ditando o que é certo e como as pessoas devem se relacionar.

Conforme Barroco (2009, p. 181), "ética profissional se objetiva em ações conscientes e críticas". Significa dizer que ela se materializa na forma como realizamos o nosso atendimento, ouvindo as/os usuárias/os em suas posições. Nesse sentido, dentre tantos desafios impostos a/ao profissional, o de adentrar a esfera da vida privada das famílias com o fim de "garantir direitos", nesse caso, a convivência familiar, frente à existência de uma lei que, embora seja considerada um avanço, tem caráter punitivo-regulador.

E, não raramente, espera-se das nossas perícias e laudos do Serviço Social a validação para a concretização de ações conservadoras asseguradas pela lei.

Freitas (2015, p. 67), sob o prisma do Direito e reconhecendo que nem sempre a modificação da guarda ou a ampliação da convivência são as soluções ideais para inibir práticas alienantes, defende como forma de assegurar o melhor interesse de crianças e adolescentes o tratamento compulsório de pais e mães, o que segundo ele já era possível antes mesmo da lei, e, "com o advento da lei de alienação parental, torna-se ainda mais acessível aos operadores".

Na perspectiva de Freitas (2015, p. 70-71), numa situação de alienação parental, a/o perita/o

> [...] há que ser especializado no objetivo de sua atuação, que é a inter-relação familiar e seus reflexos, dentre eles a alienação parental, a fim de que possa, por meio de seu trabalho, alcançar o objetivo almejado da medida coercitiva, imposta pelo juízo, ou seja, a paz familiar.

Posições como essas que se esperam das/os peritas/os e reforçam ações coercitivas, especificamente, no caso da/o assistente social, são práticas que não coadunam com os princípios da profissão.

Entendemos que, enquanto categoria profissional que luta pela defesa intransigente de direitos — incluem-se aí o direito à proteção integral das crianças e adolescentes e os direitos humanos (ou seja, de filhas/os, mães e pais) —, temos o dever ético-político de trazer essas questões para o debate, a partir do prisma do Serviço Social, especialmente por aquelas/es que atuam em situações afetas à justiça e à família.

3.4 A Lei de Alienação Parental e relações sociais de sexo[19]

Levando em consideração que um dos princípios fundamentais do Código de Ética Profissional se refere à "opção por um projeto profissional vinculado ao processo de construção de uma nova ordem societária, sem dominação, exploração de classe, etnia e gênero", e reconhecendo as expressões do conservadorismo e do patriarcado que demarcam o universo sociojurídico, o/a assistente social que atua nesse espaço sócio-ocupacional, inevitavelmente, deverá ter sua atenção voltada para as famílias de forma a superar estas manifestações.

Assim, o que se propõe é construir reflexões a partir da perspectiva das relações sociais de sexo. Cisne e Santos (2018) e Cisne (2014) fizeram opção por essa categoria em substituição ao gênero, e explicam que este conceito, na medida em que passou a ser utilizado de forma isolada das relações de classe e do patriarcado, trouxe prejuízos importantes na organização e articulação das pautas sobre os direitos e emancipação das mulheres. As autoras enfatizam que não estão desconsiderando o legado construído com relação às discussões de gênero e, assim, passam a utilizar a categoria "relações sociais de sexo", como uma mudança de posicionamento analítico e crítico.

O conceito de gênero está mais relacionado à categorização de sexo e tem uma definição vaga, ao passo que relações sociais de sexo, de maneira mais objetiva, expressam a relação social entre homens e mulheres, demarcada pelos antagonismos de classe e pela questão racial. Neste prisma, relações de sexo, raça e classe formam, assim, uma relação consubstancial, porque não podem sem analisadas separadamente (Cisne e Santos, 2018; Cisne, 2014).

Partilhando das ideias das referidas autoras, se faz mister compreender como as relações sociais de sexo, raça e classe estão presentes em todos os espaços da sociedade, ora de maneira sutil, ora de

---

19. Este subitem que trata da alienação parental e relações sociais de sexo é parte do artigo originalmente publicado nos Anais do XVI Encontro Nacional de Pesquisadores em Serviço Social, ocorrido em 2018, em Vitória (ES), e foi adaptado para a presente publicação.

forma mais intensa. Isso porque, no modo de produção capitalista, a sociabilidade é estruturada sob os interesses da classe dominante, e, de maneira naturalizada, estabelece formas de agir e pensar que são incorporadas pela sociedade.

Com frequência, as acusações são direcionadas às mulheres como se fossem (unicamente) as mães que promovessem os rompimentos de vínculos familiares, seja distorcendo a visão das/os filhas/os, seja lançando mão das (muitas vezes consideradas falsas) acusações de abuso sexual.

Ao mesmo tempo, a elas é delegado o papel de cuidadora exclusiva e, por isso, há um expressivo número de mães que exercem a guarda unilateral de suas/seus filhas/os, recai sobre a mulher-mãe o peso de ser a "alienadora".

Observa-se no cotidiano profissional que, de forma gradativa, os homens estão participando ativamente da vida das/os filhas/os, escapando ao padrão de serem meramente pagadores de pensão alimentícia. Esses homens lutam pela ampliação da convivência familiar e exercício da guarda compartilhada em contrapartida aos pais que pouco ou nada participavam durante o casamento, e assim seguem após a ruptura conjugal.

Embora a legislação garanta e promova o exercício da guarda compartilhada (Brasil, 2008 e 2014), e, conforme o IBGE[20], de 2014 a 2017 tenha quase triplicado o registro desta modalidade de guarda, não significa que, necessariamente, o pai e a mãe estejam compartilhando os cuidados diretos e participando ativamente da criação e do desenvolvimento das/os filhas/os.

Ainda assim, no atendimento às famílias, os relatos das mulheres apontam para a sobrecarga de responsabilidades que lhes são conferidas, mesmo com a guarda compartilhada.

As mulheres ainda ocupam posições de subalternidade, e, mesmo quando estão à frente ou em cargos de destaque, sua capacidade e

---

20. Disponível em: https://agenciadenoticias.ibge.gov.br/agencia-noticias/2012-agencia-de-noticias/noticias/23931-pais-dividem-responsabilidades-na-guarda-compartilhada-dos-filhos. Acesso em: 23 mar. 2022.

reputação são colocadas em dúvida ou os salários são inferiores ao dos homens que assumem as mesmas responsabilidades profissionais.

Quando uma mulher é a "chefe de família", o que para muitos pode ser considerado como destaque, por outro lado, para a mulher pode significar, também, acúmulo de funções (Campos, 2010), ou seja, dupla ou até tripla jornada, pois ao homem chefe de família, em muitas situações, lhe cabe apenas ser provedor.

Apesar de, gradualmente, as mulheres ocuparem espaços antes inatingíveis, estudando e trabalhando cada vez mais, não significa que isto seja amplamente aceito e reconhecido na sociedade.

Para a mulher que busca a sua independência e igualdade de direitos, ainda há uma forte cobrança social, sobretudo, se estas conquistas significam adiar a maternidade ou exercer este papel aliado à sua vida profissional, uma vez que à "mulher-mãe", historicamente, foi delegado o papel de cuidar e educar a prole.

Assim o que se propõe, nas palavras de Bezerra e Veloso (2015, p. 174), não é "atacar os homens, mas a forma de organização de 'gênero', ou seja, a forma de organização das relações sociais entre os sexos".

As relações sociais de sexo, que geram dominação, exploração e opressão, perpassam e engendram as relações familiares, e não podem escapar às "lentes" e análises da/o assistente social que atua nas varas da família porque, na medida em que elas são minimizadas ou desconsideradas, reforçam a continuidade de determinados estigmas sobre o feminino[21] (louca, mal-amada, possesiva, descontrolada) ou expressam práticas que não coadunam com o projeto ético-político da profissão (Rocha, 2022).

Tais reflexões são importantes, pois como já dito há maior responsabilização em relação às mulheres, e

> Não há, portanto, como pensar as mulheres sem pensar os homens [...]. Uma intervenção junto às mulheres que não leve em conta a sua relação

---

21. Em geral, rótulos e termos pejorativos e que são associados à imagem da mulher (Tenório, 2017).

com os companheiros, pais, filhos, namorados e também com as outras mulheres, não considera a maneira adequada à realidade. À mulher não basta apenas a sua própria conscientização; é necessário que boa parte da sociedade também se conscientize, e, para que isto aconteça, é preciso um trabalho interventivo mais abrangente, cujo alvo seja não só as mulheres, mas também os homens (Bezerra e Veloso, 2015, p. 174).

E, correlacionando essa reflexão ao debate da perícia em Serviço Social, as questões aqui discutidas e presentes no cotidiano das famílias devem perpassar pelas análises da/o assistente social, pois elas impactam significativamente o direcionamento do parecer técnico.

As sugestões e os pareceres no laudo do Serviço Social devem ter a perspectiva do "vir a ser" com base numa análise crítica que contemple a realidade social vivenciada pelas pessoas. Nas palavras de Ferreira (2018, p. 88):

[...] um documento que narra a questão a ser problematizada incorporando elementos concretos — elementos esses que são do próprio objeto de trabalho da/o assistente social (as refrações da questão social) tais como a violência, a pobreza, a desigualdade social, o preconceito e a discriminação, as lutas sociais etc. Esta narrativa ocorre à luz de um referencial teórico e levando em consideração a vida material do sujeito, sendo orientada, portanto, por um paradigma teórico-metodológico, técnico-operativo e ético-político que dá sustentação ao processo interventivo da/o assistente social.

Os anos 2000 tiveram importantes avanços do ponto de vista do reconhecimento da opressão e a violência contra as mulheres foram (e ainda são historicamente) expostas, e com a aprovação da Lei Maria da Penha, em 07 de agosto de 2006 — Lei n. 11.340 —, foram caracterizadas diversas formas de violências, além da física, que até então não eram legitimadas, como a violência psicológica, sexual, patrimonial e moral.

Ainda que a Lei de Alienação Parental tenha sido, a princípio, aprovada para proteger crianças e adolescentes, é preciso analisar as repercussões que essa lei tem sobre a família como um todo e, também, sobre as mulheres-mães.

Leis que são reconhecidas por assegurar a proteção da família, sobretudo o exercício da autoridade parental e a convivência familiar, a exemplo da Lei da Guarda Compartilhada e da Lei de Alienação Parental, foram aprovadas após a conquista da Lei Maria da Penha, por sinal, um importante avanço no reconhecimento dos direitos das mulheres, em especial, as medidas protetivas no âmbito das políticas públicas nas situações de violência doméstica.

Trazer esse "cruzamento" das leis se torna necessário diante da necessidade de analisar criticamente cada uma delas. Na medida em que uma lei se propõe a proteger e garantir o direito à convivência familiar se sobrepõe a outra, colocando em risco conquistas alcançadas, também no âmbito protetivo, como a Lei Maria da Penha, qual é o real ganho para a sociedade?

Isso porque em alguns processos relativos às acusações de alienação parental, observa-se que há narrativas de situações envolvendo violência doméstica contra as mulheres, inclusive com medida protetiva para elas, repercutindo, eventualmente, na convivência dos pais (suposta ou comprovadamente) agressores com as/os filhas/os.

Nesse sentido, essas distintas violências que emergem nos relatos das mulheres-mães que enfrentam processos litigiosos nas varas da família não podem escapar às escutas dos/as assistentes sociais durante a perícia e devem, inclusive, ser analisadas em seus pareceres à luz dos referenciais teóricos que balizam a atuação profissional.

Tais situações devem ser contextualizadas para que medidas protetivas não sejam relativizadas e equiparadas à alienação parental.

A naturalização histórica de que "em briga de marido e mulher ninguém mete a colher", somada às situações que a mídia ainda expõe, como o corpo feminino e sua objetificação (a naturalização da violência, que já foi assunto de programas humorísticos, como a personagem Santinha Pureza da "Escolinha do Professor Raimundo", nos anos 1990, que dizia gostar de apanhar do marido), reforça as inúmeras manifestações das violências contra as mulheres e dificulta o seu reconhecimento.

A experiência na prática cotidiana, por exemplo, demonstra que, ainda nos dias de hoje, algumas petições elaboradas por advogados e mesmo advogadas buscam apresentar as mulheres como sendo as "culpadas" pelo divórcio por diversas alegações, inclusive, supostas traições que elas teriam cometido, ou mesmo nos relatos dos homens emerge o discurso que o relacionamento acabou porque a ex-companheira passou a trabalhar fora ou retomou os estudos (Rocha, 2016b).

Demais temas tidos como "tabu", inclusive, para as/os próprias/os profissionais, pois envolvem questões relativas à sexualidade/afetividade, racismo, entre outras, se tornam uma questão de difícil trato diante da necessidade da ampliação de debate e de aprofundamento teórico pelas/os assistentes sociais.

Como, por exemplo, numa perícia em Serviço Social envolvendo disputa de guarda e alienação parental em varas da família, a/o assistente social poderá (e deverá) em suas mediações analisar essa demanda à luz das relações sociais de sexo[22]?

Nos casos que envolvem comprovada violência doméstica contra a mulher, cujas medidas protetivas foram para salvaguardar a sua vida, ante o crescente número de feminicídios, assim como proteger as crianças e as/os adolescentes, há que se falar em alienação parental?

A atuação profissional à luz das relações sociais de sexo, raça e classe possibilita à/ao assistente social analisar como a contradições da sociedade capitalista permeiam a realidade com famílias que enfrentam litígio, reconhecendo mulheres que sofrem exploração/

---

22. Consideramos importante evidenciar que quando da elaboração da tese de doutorado (em 2016), embora a categoria relações sociais de sexo não tenha sido analisada teoricamente como se buscou neste livro, não significa que "Tal questão referenda o distanciamento já mencionado da profissão em considerar gênero como uma categoria analítica da realidade social", como afirmou Oliveira (2021, p. 97). Buscou-se, na discussão sobre o tema família, apresentar autores/as com perspectiva crítica que traziam o debate gênero/patriarcado, e dentro dos limites que a pesquisa (no momento sócio-histórico que foi desenvolvida) permitiu apontar (correlacionando teoria e prática) a desigualdade de sexo presente na sociedade e que resvala no judiciário.

opressão em decorrência do patriarcado, podem ser elas mesmas que, eventualmente, dificultam a convivência familiar de suas/seus filhas/os com o pai, o que não implica enquadrá-las nos artigos da lei, a exemplo da Lei de Alienação Parental.

Ter uma visão apurada sobre as relações conjugais e parentais exigirá, necessariamente, clareza e competência dos e debates sobre a atual conjuntura da profissão e da própria realidade brasileira.

Nesse sentido, o que se coloca em pauta é o cuidado ao analisar essas situações que chegam para perícia em Serviço Social quando envolvem alienação parental.

Em um atendimento dessa natureza, a escuta profissional precisa ser apurada e, ao mesmo tempo, focada no que as pessoas trazem como sendo suas verdades, mas também refinada, porque quando se elabora o laudo, o que se ouve não pode ser simplesmente transcrito e transportado sem a análise das particularidades da matéria pertinente à/ao assistente social.

Respostas qualificadas requerem que as/os assistentes sociais estejam preparadas/os para articular o pensamento sobre as relações sociais de sexo, raça e classe, assim como diversidade sexual, todos temas estruturantes do modo de produção capitalista e que emergem na nossa atuação.

Ter esta compreensão reafirma o posicionamento ético-político profissional do/a perito/a e demostra a sua percepção de que as relações sociais de sexo, raça e classe estão presentes em todas as relações e são elas que determinam, também, o lugar que as crianças ocupam na família quando se pensa na garantia de direitos à convivência familiar e comunitária.

Dadas as manifestações recorrentes do patriarcado ainda presentes em nossa sociedade, muitos homens acreditam que o poder masculino prevalece e é dominante em relação à posição feminina, pois

[...] historicamente, têm sido socializados para exercerem o poder e as mulheres para se submeterem a ele, chegando a ponto de provocar relações assimétricas através da dominação, com as mais diferentes consequências na vida social e familiar. A autoridade masculina tem sido exercida de forma tão generalizada há séculos que muitas mulheres aceitam como natural, assim como muitos homens aceitam como natural, alguns papéis desempenhados pelas mulheres (Schmickler, 2006, p. 217).

Nessa perspectiva, como pensar numa educação a filhos e filhas que promova a cidadania, o respeito ao próximo e a dignidade humana e também possibilite romper com as amarras do patriarcado? Ainda nos reportando a Schmickler (2006, p. 218),

> O que foi internalizado na infância e reforçado na vida adulta estimula comportamentos, quer seja para meninos, quer seja para meninas, levando à imposição de condicionamentos, os quais repetem e reformulam modelos e estereótipos. Assim, podem também repetir modelos hierárquicos e falocêntricos[23] [...].

O fato de alguns homens terem superado padrões patriarcais não minimiza situações às quais outros expõem companheiras, filhas, irmãs e outras mulheres com as quais eles se relacionam.

E, mesmo entre aqueles homens que afirmem reconhecer a igualdade de sexo, não escapam, eventualmente, manifestações machistas em seus relatos, mesmo que inconscientes ou veladas.

Mulheres que cada vez mais estudam e têm conquistado espaço no mercado de trabalho, acumulam dupla ou tripla jornada de trabalho, em função das atividades domésticas, continuam sendo cobradas e subjugadas pelos seus companheiros e demais familiares, e, muitas vezes, no Sistema de Justiça quando vão requerer seus direitos, inclusive medidas protetivas.

A emancipação política da mulher, ou seja, a conquista de seus direitos afeta profundamente as relações sociais de sexo, na medida

---

23. Falocêntrico é o modelo centrado no falo, ou seja, no órgão sexual masculino, que representa a superioridade masculina em relação aos demais indivíduos.

em que o seu reconhecimento não somente pode romper com padrões e comportamentos historicamente estabelecidos, como também possibilita que sejam criadas formas de sociabilidade. E, por mais que a mulher tenha avançado e conquistado espaços não antes ocupados, é necessário reafirmar esta posição.

Tais reflexões à luz das relações sociais de sexo, raça e classe no âmbito sociojurídico, são fundamentais, especialmente, nas varas da família, *locus* de conflitos familiares. Todavia, podem ter algumas implicações como acusações de parcialidade em desfavor das/os assistentes sociais.

Em que pese esses desafios compreendemos que, sendo o parecer técnico do Serviço Social o caminho para a promoção da garantia de direitos, cabe-nos esclarecer às/aos operadoras/es do Direito como as relações sociais de sexo, classe e raça estão presentes na sociedade e, por conseguinte, nas relações e conflitos familiares, resvalando no tripé "violência doméstica-alienação parental-parentalidade".

Capítulo IV

Os discursos da alienação parental no Serviço Social: a garantia do direito à convivência familiar como perspectiva de atuação profissional

4.1 Procedimentos metodológicos

Além do levantamento desses dados de natureza quantitativa, procuramos, na elaboração deste livro, enfatizar principalmente a investigação de natureza qualiquantitativa.

De acordo com um dos pressupostos utilizados por Chizzotti (1998), o da relação dinâmica existente entre o sujeito e o mundo real nesse tipo de abordagem.

A partir desse dinamismo, torna-se possível tanto a apreensão dos aspectos específicos, como de certos significados do tema, pois se "privilegiam algumas técnicas que coadjuvam a descoberta dos fenômenos latentes, tais como a observação participante, a história ou relatos de vida, entrevistas não diretivas, etc." (Chizzotti, 1998, p. 85).

Essa modalidade de pesquisa, conforme Martinelli (1999), possibilita conhecer não somente a visão da/o pesquisador/a, mas também a das/os entrevistadas/os quanto ao que está sendo analisado. Conforme a autora,

> [...] essa pesquisa [qualitativa] tem por objetivo trazer à tona o que os participantes pensam a respeito do que está sendo pesquisado, não é só a minha visão de pesquisador em relação ao problema, mas é também o que os sujeitos têm a me dizer a respeito (Martinelli, 1999, p. 21-22).

Além da leitura de bibliografia pertinente à temática pesquisada e da inclusão dos conceitos de alienação parental, família e mesmo do Serviço Social, por meio de leis, portarias e outros documentos, foram realizadas entrevistas com assistentes sociais que atuam nas varas da família e analisados laudos elaborados mediante perícia em Serviço Social.

Como metodologia de estudo do material coletado, utilizamos a análise de discurso, pois, analisando as entrevistas, assim como as perícias em Serviço Social realizadas pelas/os profissionais, por meio dos laudos, pretendemos identificar como têm sido os discursos e a atuação do Serviço Social a respeito da alienação parental.

A análise de discurso se desenvolveu na França, tendo como precursor Michel Pêcheux, sendo que várias/os outras/os pesquisadoras/ es, a partir de seus estudos, deram continuidade ao desenvolvimento desta técnica. Conforme Pêcheux (1989 *apud* Pêcheux, 2012, p. 308), a partir da análise de discurso,

> [...] o sentido de uma palavra, de uma expressão, de uma proposição etc. não existe "em si mesma" (isto é, em sua relação transparente à literalidade do significante), mas é determinada pelas posições ideológicas colocadas em jogo no processo social histórico em que as palavras, expressões e posições são produzidas (isto é, reproduzidas).

Para Pêcheux, as palavras ditas pelos sujeitos mudam de sentido de acordo com as posições ideológicas destes, e posições são formadas em uma dada conjuntura histórica e social.

De acordo com Amaral (2007), assistente social com experiência e produção teórica na análise de discurso, considera-se que essa metodologia se constrói através da relação entre objetividade e subjetividade, ambas presentes nos discursos dos sujeitos em sua historicidade. A autora afirma que "nesta perspectiva de historicidade, a análise de discurso resgata o estatuto do materialismo histórico, propondo outra leitura das formas de significação da existência, das formas como os homens atribuem sentido à vida" (Amaral, 2007, p. 9).

A partir dessa concepção de análise de discurso, buscamos conhecer como historicamente as/os assistentes sociais lidam com os processos que envolvem conflitos familiares, mais especificamente com a alienação parental.

Isto porque "um discurso é produzido em determinadas condições relacionadas à totalidade do processo sócio-histórico" (Amaral, 2007, p. 9).

Considerando o/a pesquisador/a que se utiliza da análise de discurso e que tem como material de estudo o textual, nossa análise será realizada a partir do que foi coletado nas entrevistas com as/os profissionais, transcritas integralmente, além do mesmo aproveitamento dos laudos sociais.

Contudo, não significa que esta metodologia parte da história para o texto, ao contrário, parte-se do texto para compreender o processo histórico que construiu o discurso do sujeito sobre determinado assunto, neste caso, a alienação parental. Conforme Amaral (2007, p. 20),

> [...] para o analista do discurso o objeto de sua observação imediata é o texto; este é tomado como ponto de partida da investigação, que tem determinações a serem apreendidas, elaboradas no nível do pensamento. Estas determinações são procuradas a partir das suas manifestações mais simples, como, por exemplo, a natureza do léxico que constitui

uma cadeia sintagmática; e eleva-se à mais complexa, como a produção dos sentidos numa rede de formulações discursivas ou interdiscursos, constitutivos do campo de significação, o das discursivas.

Sendo o discurso uma representação do real, a/o analista do discurso também é um sujeito pensante, mas, ainda assim, em suas análises devem ser consideradas as particularidades do discurso.

Nessa forma de análise, interpreta-se o que é dito, relacionando-o com a situação concreta de quem disse — "o discurso, pois, é articulação de processos que se desenvolvem de múltiplas formas, em determinadas condições histórico-sociais" (Amaral, 2007, p. 21).

Para a realização da análise dos discursos de assistentes sociais que atuam nas varas da família, foram utilizadas as transcrições de quatro entrevistas e 15 laudos referentes a perícias sociais das/os entrevistadas/os e de mais dez peritas/os sociais.

Todos os sujeitos participantes da pesquisa foram identificados com siglas, sendo utilizadas: AS 1, AS 2, AS 3 e AS 4 para as/os entrevistadas/os, sendo que as/os demais, cujos laudos foram analisados, foram relacionados às siglas AS 5, AS 6, AS 7, AS 8, AS 9 e AS 10. A escolha pelas siglas, em vez de nomes fictícios ou as iniciais dos nomes, se deve ao cuidado com a não identificação das/os entrevistadas/os, evitando-se revelar o gênero daquela/e participante. Com relação aos laudos, foram numerados como sendo "casos", do número 1 ao 15. Ressaltamos que foi possível a localização das sentenças e decisões de alguns casos, o que consideramos como tendo agregado informações importantes às nossas análises.

Quanto à seleção dos laudos, foi feita a partir de consulta aleatória às/aos técnicas/os que atuam nas varas da família, sendo solicitado que indicassem casos confirmados ou nos quais a alienação parental tivesse surgido como demanda, mesmo que os processos não fossem assim tipificados.

Dessas perícias em Serviço Social, apenas seis vieram especificamente para serem analisadas sobre a ocorrência de alienação parental;

nas outras nove, a alienação parental surgiu como demanda por uma das pessoas envolvidas na lide ou houve entendimento por parte das/os técnicas/os de que poderia se tratar de caso desta natureza. Uma dessas perícias, embora não fosse de alienação parental, foi citada por um/a dos/as entrevistados/as como sendo um caso em que estava em questão o direito à convivência familiar da adolescente envolvida.

Ainda sobre os laudos do Serviço Social analisados, dos seis casos nos quais foi determinada a perícia para averiguação de alienação parental, quatro processos estavam tipificados como sendo de alienação parental e os demais em demandas de guarda ou regulamentação de visitas[1].

Embora o objetivo da pesquisa não seja avaliar a forma como as/os assistentes sociais realizam a perícia e elaboram o laudo e parecer técnico do Serviço Social, entendemos como pertinente apresentar alguns pontos observados durante a análise dos discursos dos técnicos.

Todos os laudos têm um padrão semelhante em termos de estrutura e apresentação dos instrumentais utilizados para a realização da perícia. Contudo, observou-se que cada técnica/o tem uma forma específica e individual de apresentar o caso, já que alguns optam por um laudo mais descritivo e outros, mais analítico, seja no corpo do laudo, seja no parecer. Da mesma forma, observamos que, desses laudos, alguns apresentam referências bibliográficas que foram citadas e utilizadas para a construção do próprio instrumental.

Mesmo nos laudos em que não constam referências bibliográficas, o modo como as informações são organizadas e apresentadas nos leva a supor que houve, por parte das/os técnicas/os, a realização de um trabalho que reflete compromisso profissional e embasamento teórico-metodológico, alguns deles pautados na perspectiva histórico-social

---

1. Cabe acrescentar que, no que se refere ao perfil socioeconômico dos pais que alegam serem vítimas de alienação parental, identificamos, a partir dos laudos, que em geral são pessoas pertencentes à classe média/alta. Por outro lado, como destacado na tese, as pessoas que tiveram participação ativa no movimento pró-lei pertenciam a um seleto grupo (Barbosa e Castro, 2013) e tinham influência junto a políticos e especialmente no Poder Legislativo, ainda que não seja possível afirmarmos quais as condições socioeconômicas desses.

e considerando o percurso familiar das pessoas avaliadas (Fávero, 2009; Gois, 2014a; Rocha, 2015).

Assim, partimos para as análises dos discursos das/os assistentes sociais, ocasião em que será possível conhecermos a visão do Serviço Social sobre o tema estudado.

4.2 Alienação Parental e família a partir dos discursos dos assistentes sociais — revendo práticas, construindo posições

4.2.1 A escuta das/os profissionais

A partir dessas considerações e a fim de conhecer as percepções do Serviço Social a respeito das formas como as/os profissionais têm direcionado as práticas nas varas da família, prosseguimos na discussão sobre família e alienação parental.

Tendo em vista as características do trabalho voltado às famílias em litígio (Rocha, 2015), consideramos relevante que as/os profissionais atuantes nas varas da família sejam aquelas/es que se identificam e têm disponibilidade para atuar com as demandas inerentes às famílias quando enfrentam processos de ruptura. Como já apontado no capítulo anterior, são situações desgastantes, com as quais a/o assistente social terá de lidar cotidianamente.

Separamos alguns depoimentos das pessoas pesquisadas quanto à sua adesão ao trabalho com famílias.

Para a/o AS 1, que atua nas varas da família há mais de dez anos e tem experiência no trabalho com adolescentes em conflito com a lei, o trabalho com famílias em litígio foi uma escolha. Em suas palavras, a propósito das relações familiares:

> [...] porque verifiquei que a família acolhedora e continuamente responsiva às necessidades e demandas emocionais é fundamental para a felicidade

e segurança interna das pessoas e para sua interação construtiva com o meio à sua volta (AS 1).

Seu relato demonstra que tem uma visão da família como aquela capaz de se responsabilizar pelas demandas emocionais de seus membros, visando à felicidade e à segurança deles. No seu entendimento, a/o assistente social atua na perspectiva de contribuir para atender a esses interesses, como podemos ver em outro trecho de seu relato:

> Aponta possibilidades de atendimento às demandas, tendo em conta os legítimos interesses das partes envolvidas e privilegiando o melhor atendimento, dentro da realidade posta em cada situação encontrada, das pessoas mais fragilizadas e necessitadas de proteção e apoio ao seu desenvolvimento e bem-estar (AS 1).

Já a/o AS 2, embora tenha feito menção a outras experiências dentro do TJ, afirma que vara da família é a área com a qual se identifica:

> [...] este trabalho é uma coisa que eu sempre gostei. Eu fiz especialização em Terapia Familiar, mas foi por acaso mesmo que eu vim... Eu era do interior. E eu nem tentei procurar outra coisa, porque era isto mesmo, [...] e eu queria isso. Eu gosto do tema (AS 2).

No caso da/o AS 3, a vara da família não foi uma escolha, pois, ao assumir o cargo, seu posto de trabalho já estava determinado.

> Não. Quando nós assumimos o cargo, as cartas de apresentação para os locais de trabalho já estavam confeccionadas. Então não teve possibilidade de escolha (AS 3).

Ao que foi possível identificar em seus relatos, sua experiência anterior foi vasta, o que pode ter contribuído significativamente para se ligar ao novo espaço de trabalho:

> Eu me formei em 2010. Assim que eu me formei, fui efetivada onde fazia estágio [...], uma instituição que tem projetos privados de assistência social. Então lá eu trabalhava vinculada à Política de Assistência Social. [...] eu passei no concurso da Prefeitura de Taboão da Serra [...] e trabalhei na Política de Assistência Social e [...] logo em seguida eu saí de lá e fui trabalhar na área da saúde e [depois] eu passei no concurso do Tribunal de Justiça.

Da mesma forma que a/o AS 3, identificamos que a/o AS 4 também não optou por atuar nas varas da família. Embora sua experiência anterior seja no serviço público, ela/ele atuava no Poder Executivo e buscou outras possibilidades de trabalho:

> Não porque no concurso... Na verdade, é... Mais uma vez a necessidade é material, né? Eu não estava descontente do ponto de vista profissional na saúde e no funcionalismo municipal, inclusive porque [aqui, no TJSP] é um espaço muito rico, muito instigante do ponto de vista das nossas demandas e práticas (AS 4).

Antes desta experiência profissional, a/o AS 4 militou por muitos anos em movimentos sociais ligados aos direitos das mulheres:

> Eu sou formada há 30 anos, na verdade este ano completo 30 anos. Eu me formei em 1985 e acho que tive assim... o privilégio... eu falo privilégio porque eu vivi um período do Serviço Social muito especial, que foi o período da reforma curricular, que foi um momento muito rico do ponto de vista da nossa formação, né? [...] E isto é uma coisa que eu já conto como experiência, embora ainda não formada, né, mas eu já considero uma experiência que eu trago comigo... que eu trouxe comigo no decorrer aí da minha atuação profissional. Depois de formada eu trabalhei na Prefeitura de Itu, durante alguns anos, e me desliguei da prefeitura para participar, porque na época eu já conciliava como hoje, ainda, o meu trabalho profissional com a minha militância no movimento de mulheres (AS 4).

Como podemos verificar, as/os assistentes sociais entrevistadas/os têm diferentes experiências profissionais, especialmente as/os que foram contratadas/os recentemente. Embora não tenham feito a escolha para atuar nas varas da família, a experiência profissional anterior contribuiu significativamente para o trabalho social com famílias, como veremos adiante. As/Os técnicos que pertencem ao quadro do TJ há mais tempo, por sua vez, citam a formação em terapia familiar, conforme relatos das/os AS 1 e AS 2, que têm a mesma formação.

Conhecer e compreender como as/os profissionais encaram suas experiências profissionais têm, a nosso ver, relevante peso na caracterização das formas como eles/as direcionam suas práticas e, sobretudo, qual a visão que adotam sobre família. Assim, em seu discurso, a/o AS 1 afirma que:

> A família responde ao desejo original do homem de trocar afeto e compartilhar necessidades e satisfações, com vistas à sua realização como pessoa em relação de complementariedade e igualdade na diversidade, caminhando nas diversas etapas da vida em colaboração e apoio mútuo, em vista do ideal — finito para quem não tem fé e infinito para quem crê (AS 1).

Quanto à/ao AS 1, ela/e fala no "desejo original", querendo significar que toda família se ajuda e compartilha as suas necessidades de forma natural, demonstrando, assim, uma visão próxima da família ideal. Ela/e ainda agrega a esta visão um viés religioso, posto que afirma que "para quem não tem fé" o modelo de família em que acredita é finito, "e infinito para quem crê".

A visão desta/e profissional sobre família se coaduna com o observado no relato sobre os motivos que a/o levaram a atuar nas varas da família. Conforme já apontado no decorrer deste estudo, para Sierra (2011), a família sempre esteve ligada à religião.

No discurso da/o AS 2, também é possível verificar a presença marcante da crença religiosa como aporte das suas concepções sobre família:

> Eu tenho um pouco da visão profissional, mas eu tenho também da visão religiosa [...], então para mim, assim... a família é... são pessoas que estão juntas para poder, de alguma forma, caminhar e acertar suas arestas e ter aquela ajuda mútua (AS 2).

No entanto, afirma ter também uma visão profissional acerca da família, pautada naquela pregada pela Constituição Federal de 1988 em seu art. 226, ou seja, como a base da sociedade, mas não necessariamente formada por laços consanguíneos.

> E, profissionalmente, eu acho que família, hoje em dia, ela é o alicerce da sociedade. Independente da composição dela. Não tem que ser aquela "família Doriana", pai, mãe e filhinhos. Ela tem a composição que ela tiver que ter. Tem que ter respeito, tem que ter companheirismo e tudo mais. O amor, isso que eu acho que é importante... para mim, eu não sei... O simples fato de as pessoas quererem ficar juntas, estar ali com respeito, com amor, isso para mim é o sentido de família (AS 2).

Convicções religiosas e valores pessoais tanto podem demarcar o campo em que se funda o conceito de família, quanto as ações profissionais voltadas ao trabalho social com famílias.

Identificamos, ainda, concepções que parecem se aproximar do conceito de família a partir da visão sistêmica, na qual prevalece a inter-relação entre os membros, em que um exerce influência sobre o outro, conforme Barbosa e Castro (2013).

Ainda que a abordagem de família à luz da teoria sistêmica[2] não prevaleça nas discussões que vêm sendo realizadas sobre família no

---

2. A esse respeito, há, por parte do CFESS, um posicionamento contrário a esse tipo de abordagem, por ser tida como um viés conservador. Sugerimos a leitura do documento do CFESS: *Práticas terapêuticas no âmbito do Serviço Social:* subsídios para o aprofundamento do estudo, de 2008. Disponível em: http://www.cfess.org.br/arquivos/praticasterapeuticas.pdf. Acesso em: 3 jan. 2021.

âmbito do Serviço Social, o próprio Código de Ética Profissional, em seu princípio VII, garante pluralismo e respeito às distintas correntes profissionais. De acordo com Netto (2006, p. 147):

> Por outra parte, considerando o pluralismo profissional, o projeto hegemônico de um determinado corpo profissional supõe um *pacto* entre seus membros: uma espécie de acordo sobre aqueles aspectos que, no projeto, são imperativos e aqueles que são indicativos. *Imperativos*[3] são os componentes compulsórios, obrigatórios para todos os que exercem a profissão (estes componentes, em geral, são objetos de regulação jurídico-estatal); *indicativos* são aqueles em torno dos quais não há um consenso mínimo que garanta seu cumprimento rigoroso e idêntico por todos os membros do corpo profissional.

A/O AS 3, em seus relatos, demonstra ter uma visão sobre família além das relações de consanguinidade, uma compreensão que se baseia nos laços afetivos, de apoio mútuo e de solidariedade. Daí a sua afirmação:

> Eu considero família, e a minha avaliação vai sempre nesse sentido, não a família biológica, mas a família pelos laços afetivos. As pessoas que se apoiam mutuamente, as pessoas que são solidárias entre si, essas sim constituem a família, muito mais do que os laços biológicos, porque, às vezes, biologicamente, não tem aquela vinculação [consanguínea] e afetivamente tem. Elas se sustentam, elas se ajudam, elas têm planos juntas. Então, eu sempre tenho este valor de pensar, na verdade, avaliar a família dessa forma. E, também, não tenho aquela ideia idealizada que família não tem conflito. Não! A família é composta por pessoas e as pessoas têm as suas diferenças. Até o contrário, na família, essas diferenças vêm mais à tona (AS 3).

---

3. Sobre esse aspecto, o autor refere que, mesmo havendo componentes considerados obrigatórios para a categoria profissional, existem divergências que indicam disputas e tensões no interior da profissão. Cabe esclarecer que essas distintas posições não se referem a violações do Código de Ética, mas a princípios e normas (Netto, 2006).

A compreensão da/o AS 3 agrega a ideia de que a família, mesmo unida e com solidariedade entre seus membros, pode ter diferenças e conflitos, o que se aproxima da visão de Sierra (2011) e Gois (2014b).

Assim, nessa mesma linha de pensamento, a/o AS 4 concebe família como sendo dinâmica, da mesma forma que a realidade na qual está inserida. Conforme o seu discurso:

> [...] as variações que a gente tem das composições familiares, dos arranjos familiares, elas são tão dinâmicas quanto a realidade na qual elas estão inseridas. Então, a família ela é um produto, não é, dessa realidade, desse [determinado] contexto (AS 4).

É possível, inclusive, constatar tais ideias em um de seus laudos, no qual, ao iniciar a apresentação, busca situar qual o papel da/o assistente social ao atender famílias em situação de litígio. Na introdução, trazendo uma análise das questões contemporâneas relativas à família e correlacionando com o Plano Nacional de Convivência Familiar e Comunitária, ela/e também deixa em evidência quais aspectos serão analisados a partir do estudo social em Serviço Social quando afirma que

> A análise do ponto de vista social visa à compreensão da organização familiar e como tal curso é demarcado pelo meio social, onde estão postas relações interpessoais conjugais e parentais, com o trabalho e fatores socioeconômicos que caracterizam as relações familiares em tela (Caso 12 — AS 4)[4].

Essa/e profissional, ao reconhecer a diversidade e multiplicidade das formas de família vividas (e não idealizadas), conclui que:

---

4. Nesse caso, os avós paternos ingressaram com o pedido de guarda da neta, com concordância do genitor, que é uma figura mais distante na vida da filha, inclusive porque mora em outro estado. Os avós pleiteiam não apenas a guarda, como também a destituição do poder familiar. A genitora contesta o pedido, tendo em vista que as alegações dos avós para tal pedido eram em função de sua origem humilde, o que estaria inclusive influenciando negativamente sua relação com a filha.

Hoje, já de fato, a gente não tem mais aquele modelo de família mononuclear, mãe, pai e filhos, [...] [aqui no trabalho, temos] toda a diversidade e variedade desses arranjos, [e ao mesmo tempo] o desarranjo dessa família idealizada. Eu, pessoalmente, não consigo mensurar qual é o número de atendimentos, de casos, de processos que a gente tem, por exemplo, de família homoafetiva. Eu nunca atendi nenhuma, aqui (AS 4).

Foi nessa perspectiva que constatamos que, em seu laudo do Caso 5, em que o objeto de estudo é a alienação parental, ela/e inicia a exposição de suas ideias a partir de Sierra (2011), afirmando que

É sabido que as relações intrafamiliares não são dadas, mas construídas a partir da história cotidiana e da negociação dos membros entre si e com o meio social em que estão inseridos. O aumento da mobilidade afetiva e a multiplicidade de arranjos conjugais expressam a mudança que se estabelece no sentido de um movimento que compreende a construção, desconstrução e reconstrução de laços afetivos nas trajetórias individuais (Caso 5 — AS 4).

Devido à sua experiência profissional anterior, voltada para a militância no movimento de mulheres, a/o AS 4 amplia a discussão trazendo para o debate o papel atual da mulher na família.

[...] eu acho que esses arranjos familiares, o que me chama a atenção aqui na nossa prática, no nosso cotidiano das varas da família, [são] os arranjos... nós temos uma nova configuração desses arranjos, é fato, e isto está respaldado, inclusive, do ponto de vista legal. O entendimento de família já se mostra diferente, mas a expectativa da constituição de família ainda traz esse arcabouço anterior, né? Moral, afetivo. O que eu vejo é que as questões materiais, elas têm uma relevância bastante grande, não só, mas elas têm uma relevância bastante grande em alguns casos, né? Particularmente, aí, eu, sempre... A gente usa os olhos com a nossa prática, com a nossa vivência e com a nossa experiência. Me chama muito a atenção, às vezes, a questão das próprias mulheres, dentro desses processos de família, é...

Quando existem litígios e casos altamente litigiosos, é... Não quero dizer com isso que a mulher sempre tem razão, muito pelo contrário, existem situações bastante delicadas em que esse papel ainda fica muito cobrado, mas que ela também tem dificuldade de dividir esses papéis atribuídos com o companheiro, mas me chama a atenção, muitas vezes, é a vulnerabilidade com que essas mulheres estão, numa relação familiar em que findada esta relação, por "n" motivos, ela construiu toda uma vida ao lado da pessoa, quanto que materialmente ela não se desenvolveu, e, depois, essa dependência vai se refletir na exigência da pensão, na dificuldade de sair de casa, na forma como ela vai dividir os cuidados com os filhos. Então, eu acho que família tem todas essas variáveis. Hoje, para além da questão moral, eu acho que a variável dessa questão sociocultural ou econômica está muito presente (AS 4).

Estar atento/a às demandas sobre as significativas mudanças ocorridas na família, em que o papel da mulher também sofreu grandes alterações ao longo dos últimos anos (Campos, 2010), é um exercício que poderá exigir da/o profissional maior esforço intelectual a fim de refletir sobre questões que, embora pareçam comuns, são complexas.

Interessante notar no discurso da/o AS 4 como a busca da emancipação da mulher, ainda nos dias atuais, tem sido "a causa" (não a única, mas também) das rupturas conjugais. Tais relatos nos remetem às ideias de Bruschini (1990), pois, para essa autora, é na família que, além se determinar a divisão sexual do trabalho, se define o grau de autonomia ou subordinação das mulheres, aspecto que certamente lhe cobrará um preço.

[...] é interessante, uma parte que eu atendi esses dias, que ela falou justamente isto, "quando a minha filha nasceu é que eu percebi que eu precisava voltar a trabalhar, voltar a estudar". Ela tinha, até então, uma relação de dependência, inclusive trabalhando junto com o próprio companheiro, com o ex-marido, e uma situação até, de certa forma, confortável. E eu achei interessante porque normalmente é o contrário, não que a gente generalize a vinda de um filho, nascido ou adotado, enfim... Você faz um movimento contrário, né? "Nossa... Eu vou ter que ter mais tempo para cuidar dele... Então eu gostaria de ficar... Eu vou ter que conciliar com a atividade profissional fora de casa." E ela se sentiu emulada a trabalhar depois que a filha nasceu. E não deu outra: o marido não entendeu nada... E claro, tinham outros fatores e acabou acontecendo a separação (AS 4).

Ainda sobre o significado de família, extraímos um trecho do discurso da/o AS 3 que, ao abordar este tema na perspectiva da política social, pondera:

Eu vejo que isso, às vezes, se expressa na teoria, mas quando você vai falar legalmente, tem muitas nuances, né?, que acabam contando. Não sei dizer agora, mas, há um tempo, os programas sociais eram bem restritivos, colocando família dentro daquele contexto: mãe, pai, filhos, a ligação biológica, na verdade. E, às vezes, era a tia que cuidava dos sobrinhos, às vezes era uma configuração familiar de irmãos, sendo um [deles] o responsável. Então, este conceito que nós entendemos como um conceito moderno, que realmente traduz a realidade, ele não se expressa, em algumas [famílias], às vezes (AS 3).

A observação da/o AS 3 é pertinente, pois, de fato, na NOB/SUAS, mesmo que reconheça a família pautada no aspecto relacional e na afetividade entre os membros, o biológico também se faz presente, conforme discutido no capítulo I.

Conhecendo esses discursos sobre a família, podemos, então, seguir para a maior compreensão dos significados da alienação parental presentes nos discursos das/os profissionais entrevistadas/os.

Como já visto no capítulo II, são vários os conceitos e entendimentos acerca da alienação parental por parte do Direito, da Psicologia e do Serviço Social.

São essas concepções que, juntamente às perspectivas teóricas de cada profissional, definem o entendimento destas/es sobre esse tema controverso e polêmico, presente nos processos de varas da família.

Ao tentarmos identificar nos discursos das/os entrevistadas/os como eram nomeadas as situações que fizessem referências às práticas que dificultavam o exercício do direito à convivência familiar, ao que pudemos verificar, os relatos das/os entrevistadas/os são diversificados a esse respeito, tanto pelas distintas posições teóricas, como pela experiência profissional:

> É verdade que a palavra do cuidador costumava ser privilegiada na escuta dos técnicos, e o fato de hoje se falar em alienação do cônjuge, que foi retirado da companhia da criança, é bastante positiva para não se criar filhos que idealizem a figura parental ausente ou que, mimetizando seus cuidadores, a demonizam arbitrariamente (AS 1).

> É... Não se falava nada, mas você percebia aquela situação, né? Então, assim, realmente existiam crianças que eram totalmente alijadas de um ou outro genitor, por conta de muito do que era falado, né? E eu acho que por esta percepção do que já existia, começaram estas organizações, a APASE [Associação de Pais e Mães Separados] e outras que existem por aí afora, a batalhar estas questões... (AS 2).

> Eu não tenho clareza sobre isso. O que elas falam é que os processos foram ficando cada vez mais complexos. Eu não sei se isso aparecia e não nomeavam. Talvez isso acontecesse sim, porque o que não tem nome não existe. Hoje eu sei que isso é alienação parental. Talvez naquela época alguém usasse "obstáculo", "não permite que veja", "não permite contato". Talvez pudesse usar sim. Eu acho que essa nomenclatura facilita muito, né? Porque aí você tem um conceito, você sabe o que que é, não é uma coisa esparsa, e talvez colocar um "não permite, não facilita" e tal evidenciava isto, mas não com tanta força; hoje você tem o conceito de alienação parental e ele é bem presente (AS 3).

Conforme os relatos das/os AS 1 e AS 2, verificamos que, embora as explicações sejam bastante diversificadas, ambas evidenciam desconforto

SERVIÇO SOCIAL E ALIENAÇÃO PARENTAL

com a falta de um nome específico para as situações nas quais crianças e adolescentes eram impedidos de conviver com o pai ou mãe.

No caso da/do AS 1, a identificação dessas situações, a partir do que foi possível assimilar em seu discurso, impede que as/os filhas/os idolatrem o/a genitor/a ausente ou o/a demonizem por influência do/a genitor/a-guardiã/o.

Já a/o AS 2 afirma de maneira mais objetiva que não havia um nome como referência para tais situações, mas, do seu ponto de vista, as associações de pais teriam importado este conceito para a realidade brasileira.

A/O AS 3 avalia que, possivelmente, esse tipo de conflitos parentais já existia, consideração essa baseada no convívio com as/os demais colegas de trabalho.

Nas reflexões sobre alienação parental, a/o AS 1, em seu discurso, faz uma crítica aos pais que não têm presença marcante na vida das/os filhas/os. Para essa/e profissional, a alienação parental é um modismo, um jargão mal definido que "facilitaria" o amplo acesso às mães e aos pais que não criaram laços afetivos com as/os filhas/os, após a separação conjugal:

> Infelizmente, trata-se de uma questão efetivamente recorrente, mas hoje exagerada em face do modismo criado em torno do jargão, que virou até uma suposta síndrome, muito mal definida e que se presta frequentemente a permitir acesso irrestrito de pais ou mães que não criaram efetiva relação amorosa e de confiança com seus filhos a estes, depois da separação conjugal (AS 1).

> O mau uso e os exageros concorrem, em reverso, para "empoderar" ainda mais genitores efetivamente abusivos e alienadores, porque o justo costuma pagar pelo pecador. Assim, os pais e mães efetivamente alienadores ficam ocultos na massa (provavelmente muito maior, eu acredito pela minha experiência) daqueles que utilizam levianamente esta acusação, que virou um argumento fácil e da moda (AS 1).

Concordamos com a/o AS 1 em sua crítica ao uso de um termo de maneira isolada, cujas definições correntes, muitas vezes exageradas, podem levar as pessoas a se reconhecerem como vítimas e, por conseguinte, mediante a influência da atual judicialização das relações familiares, ingressar com processos alegando alienação parental.

Se partirmos do princípio de que a alienação parental, por meio da lei, pode carregar o sentido de punição ao/à suposto/a alienador/a, sem entender o contexto em que tais acusações acontecem, certamente poderá haver prejuízos a toda/os as/os envolvidas/os, em especial a crianças e adolescentes.

Entendemos que a forma de interpretação e aplicação da lei, além de possibilitar um caráter punitivo, pode ser um modo de controle, por parte do Estado, sobre as relações privadas. Assim, concordamos com Sousa (2015, p. 9), que afirma a força da Lei de Alienação Parental "numa perspectiva mais ampla de invasividade e capilaridade dos controles sobre os modos de vida: vida medicada e judicializada".

Partimos do princípio de que conhecer a alienação parental, o seu significado e o que há por trás da lei não nos obriga, enquanto profissionais, a concordar ou discordar dela, mas nos permite, através do recurso à autonomia profissional, conforme Iamamoto (2001) apontar a direção dos nossos estudos sem a necessidade de afirmar, ou não, a sua existência, contanto que não deixemos de trazer os elementos mais importantes que subsidiarão o nosso parecer.

A/O AS 2 situa a alienação parental nas relações conjugais e a aponta como parte de uma campanha de difamação, promovida pelo pai ou pela mãe, para afastar o outro da convivência com as/os filhas/os.

> Toda esta campanha, digamos assim, de difamação, [...] dessas questões de difamação, de falsas acusações, é... por caminhos escusos, tentando envolver as crianças em situações que, na verdade, não têm a ver com a parentalidade, mas têm a ver com a conjugalidade. E você vê isto sempre, né? E eu acho que como também as pessoas, os leigos, eles sabem como fazer, para depois falar "olha, ela está tendo este comportamento", mas

é em função do que o pai faz, do que a mãe faz [...] Então, eu acho que é isso, muda o tipo de atuação de um dos genitores, do pai ou da mãe, quem tiver, para que haja mesmo este afastamento, esse distanciamento e até a "morte" do outro (AS 2).

Ao que podemos observar, a/o AS 2 compreende o significado de alienação parental de maneira muito próxima ao que Gardner defendeu, mas traz para a reflexão questões relacionadas às dificuldades que os pais e as mães podem ter em diferenciar os papéis — conjugalidade e parentalidade — diante da separação litigiosa. De acordo com Brito e Peçanha (2006), essa diferenciação consistiria em superar a ideia de que um homem ou mulher que não correspondeu às expectativas do cônjuge não pode ser bom pai/mãe.

A/O AS 3 também avalia que há a intenção de um genitor de afastar o outro da vida da criança:

De tanto ver, o que a gente vai observando? Que há um propósito de uma das partes de afastar [a criança] da outra [parte]. Se a gente tem um propósito de convivência entre a criança e o genitor, entre o filho e os pais, na medida em que você se afasta, isso entra para nós, assistentes sociais, no não convívio, na falta de direitos, em que ela, a criança, está tendo o seu direito desrespeitado, não é? (AS 3)

O discurso dessa/e profissional sobre alienação parental se aproxima do que estamos defendendo neste estudo, ou seja, analisar a partir do direito à convivência familiar. A/O AS 3 reflete, assim, que a/o assistente social deve estar atenta/o a este aspecto, pois

Se a gente, enquanto assistente social, falar de vínculos de família, como você pode romper, contribuir para romper, estes vínculos? (AS 3).

Significa dizer que, se a/o profissional não tiver a devida atenção em relação às questões que a/o AS 3 considera importantes durante, por exemplo, a realização de uma perícia, poderemos contribuir com uma perspectiva contrária à garantia de direitos. Ou seja, atuar nos casos que envolvem a alienação parental requer, por parte da/o assistente social, descortinar possíveis violações de direito.

Nessa mesma direção, a/o AS 2, em seus relatos, avalia como pertinente contextualizar a família de forma que seja possível compreender como a interferência do pai ou da mãe pode impactar na vida das/os filhas/os de forma negativa.

> Então, essas questões que aparecem no processo, que estão relacionadas com o contexto familiar, com a inserção dessa família nesse contexto, o que diretamente interferiu e interfere para que aquele pai ou aquela mãe, aquele genitor ou aquele responsável, tenha aquelas atitudes, quanto isto está impactando na criança? É... se no final das contas, a figura do genitor está sendo alienada pelo outro porque o "x" da questão é este. A gente vê, por exemplo, conflitos, discordâncias, divergências, e as crianças, até onde eu li, e ainda falta muito para eu conhecer e aprender de alienação, mas o elemento determinante para a gente constatar que existem fortes indícios de alienação parental é a rejeição da criança em relação à figura do outro (AS 2).

Em sua visão, o que permite determinar a existência da alienação parental é a resistência, sem motivo, por parte das/os filhas/os em aceitar e conviver com o pai ou a mãe.

> E na maioria dos casos, não é isso, a gente não vê isso, pelo menos os que eu atuei. Aí, vem a Lei, que também nós discutimos quando veio a Lei, inclusive alguns colegas se pronunciaram e falaram "bom, como sempre, está lindo no papel, está maravilhoso, mas como que você vai traduzir isto na prática?" (AS 4).

No caso referido pela/o AS 4, para o qual, com base em seus estudos, emitiu parecer, ele/a aponta que:

> No caso [...], tal vínculo se faz presente na relação cotidiana, posta entre estes e sua genitora e essa preservação tem o escopo de evitar mudanças bruscas e negativas na vida dos mesmos, que têm uma rotina estável, estando resguardada a convivência com o genitor não guardião (Caso 5 — AS 4).

Embora em seu discurso seja marcante a preocupação em trazer elementos que sustentem o parecer, seja para confirmar ou não a violação do direito à convivência familiar, por outro lado, considera que pode haver algumas limitações em termos de posicionamento.

> E nessa questão da Lei... Eu ainda não me sinto com propriedade para ter elementos assim... Para me posicionar com firmeza, com segurança porque para ela ser aplicada, tem todas essas questões anteriores, que a gente está colocando (AS 4).

Nesse ponto, avaliamos que quando se trata de capacitação profissional, tendo em vista o disposto no § 2º do art. 5º da Lei n. 12.318/2010, que exige a comprovada aptidão, seja ela profissional ou acadêmica, para atuar em casos dessa natureza (não obstante a lei não faça menção direta à/ao assistente social), caberia aos Tribunais de Justiça promoverem[5] cursos acerca da temática, aprofundando o debate. Algumas ações, ainda que pontuais, podem ser observadas através do Núcleo de Apoio Profissional de Serviço Social e Psicologia[6].

---

5. O Núcleo de Apoio Profissional de Serviço Social e Psicologia do TJ-SP, no ano de 2021, coordenou a Supervisão Técnica "Do Caso ao Laudo", que foi ofertado às/aos assistentes sociais e psicólogas/os. Dentre os grupos, a temática Alienação Parental e Serviço Social foi contemplada, do qual esta autora foi supervisora. Em 2016, o Núcleo promoveu o Grupo de Trabalho sobre Família — GT-FAM —, com a participação de assistentes sociais e psicólogos para o estudo e debate de questões pertinentes ao trabalho em varas da família, sendo uma das temáticas discutidas a alienação parental, com a participação de palestrantes. A extinta Coordenadoria da Família e Sucessões, no ano de 2014, promoveu o 1º Curso de Capacitação para Assistentes Sociais que atuam junto às varas da família e sucessões, ocasião em que teve uma aula específica sobre alienação parental.

6. Esse Núcleo, criado pela Portaria n. 7.243/2005 (publicada no DOJ de 09/06/05), é subordinado à Corregedoria-Geral da Justiça, e tem como objetivo a normatização e orientação

No tocante à lei que dispõe sobre a alienação parental, a/o AS 1 analisa: "Aprovada na legislação brasileira, [...]. Acredito que graças à pressão de 'lobbies' minoritários, mas poderosos ideologicamente" (AS 1).

Essa análise da/o AS 1 acerca da existência de um "movimento pró-lei" converge com o que identificamos em nossas pesquisas no que se refere à aprovação da lei. Um pequeno grupo formado por associações de pais e mães separados/as, ditas representantes da sociedade civil, organizou-se em prol da aprovação de uma lei que, como anteriormente mencionado, parece atender aos anseios de uma minoria (Barbosa e Castro, 2013).

Cabe ainda ressaltar que, além de a categoria profissional não ter participado mediante a presença do CFESS do "amplo debate" acerca da aprovação da lei, nossa participação atual nas perícias que nos implicam profissionalmente não está prevista de forma objetiva, ao contrário da Psicologia. Ainda assim, o Serviço Social tem sido chamado a opinar. A/O AS 4 traz este questionamento em seu discurso, rememorando a participação da categoria na formulação do ECA e do PNCFC:

> [...] na discussão da Lei de Alienação Parental... quando foi escrito o Estatuto da Criança e do Adolescente, a gente sabe que o Serviço Social teve uma participação muito ativa. No Plano de Convivência Familiar e Comunitária e quanto a outros instrumentais teóricos e legislativos, estivemos também juntos (AS 4).

A partir dessa análise, podemos nos indagar sobre uma lei que, possivelmente, foi aprovada visando ao interesse de um pequeno grupo, mas que nos é apresentada como sendo um avanço no sentido de proteger crianças e adolescentes vitimados pela alienação parental?

---

dos procedimentos técnicos realizados nas Varas da Infância e da Juventude e nas Varas da Família e das Sucessões, bem como oferecer assessoramento teórico-metodológico e operativo às/aos assistentes sociais e psicólogas/os do Judiciário. Nesse sentido, deve subsidiar instâncias da instituição, como a Presidência, a Corregedoria e a Magistratura, em questões que envolvam conhecimentos de Serviço Social e de Psicologia. Disponível em: https://www.tjsp.jus.br/Corregedoria/Corregedoria/NucleoApoioProfissionalServicoSocialPsicologia. Acesso em: 23 mar. 2022.

Com base em nossa experiência como perita e pesquisadora, persistimos na necessidade de nos apropriarmos da discussão desta temática. Tal ação nos permite refletir mais amplamente sobre os alcances e limites da atuação profissional em situações de tal complexidade.

A respeito de tal exigência, prevista na lei, a/o AS 2 afirma que os procedimentos nesse sentido ainda não foram explicitados por parte das/os juízas/es, pois, segundo seus relatos, isso poderia demandar tempo, dados os numerosos e diversos atendimentos já realizados:

> Ainda bem que nunca deram, sabe por quê? Porque, pensa bem... O período que a gente tem para realizar uma perícia é um período bastante curto, [...] estamos sempre atuando em várias outras perícias, não é? [...] Principalmente na nossa realidade, não é? E acho que passa por tantas respostas [...] E eu acho que na nossa realidade de TJ, isso não existe (AS 2).

Ao se posicionar a respeito da exigência de comprovação acadêmica para atuar em casos de alienação parental, na visão da/o AS 1:

> Sim. A experiência de vida e profissional permite uma escuta percuciente e bem discriminadora, separando o joio do trigo. A literatura é que anda francamente pendendo para a qualificação de tudo como alienação parental, na proporção de 10 por 1, ficando dez por conta da propaganda antialienação e um trazendo estudos mais sérios e fundamentados (AS 1).

Apesar de a/o AS 1 ter tido uma postura crítica sobre a produção de conhecimentos a respeito da alienação parental e dos riscos de se qualificar tudo como sendo "alienação", crítica com a qual concordamos, por outro lado, identificamos em seu discurso a afirmação de que as experiências profissional e de vida possibilitam uma escuta apurada. Entendemos, assim, que seus relatos podem expressar aquilo para o que Coelho (2011; 2013) chama a atenção, sobre os riscos da certeza sensível.

Vale, entretanto, ressaltarmos a preocupação da/o A S1 a respeito da deficiência de referências bibliográficas construídas sobre um embasamento teórico aprofundado a respeito da alienação parental.

De fato, há limitações nesse ponto, conforme o conjunto de nossas pesquisas, aspecto também observado pelas/os demais assistentes sociais entrevistadas/os:

> [...] o Serviço Social tem pouca produção [...] acho que isso é uma coisa da nossa profissão mesmo, de ter pouca produção. Talvez porque seja um tema que é um pouco novo, ainda... [...] talvez pela dificuldade do tema, não é? (AS 2)
>
> Não, não... Acho que falta muito, muita coisa... Geralmente, quando você quer procurar alguma [referência], você é obrigada a cair ou para a área do Direito ou para a da Psicologia. Coisas do Serviço Social, nossa, nossa... Vamos pensar num artigo do Serviço Social, inserido num livro ou numa revista, por exemplo, ainda assim é menos que o da Psicologia e do pessoal do Direito (AS 3).
>
> É porque é pouco. E quando eu busco no Direito, claro que me traz elementos elucidadores, eu acho importante a leitura, a gente falou da questão interdisciplinar, nós dialogamos com essas áreas do conhecimento, com a Psicologia... A Psicologia tem mais produção, com o Direito, Sociologia menos. Mas eu quero do Serviço Social. Eu fico pensando assim: qual o fundamento teórico para a gente discutir a questão da alienação [parental] no Serviço Social? Então é isso, nós vamos discutir dentro das relações do conceito de família, nós vamos ter que fundamentar nosso pensamento (AS 4).

A/O AS 4 manifesta a sua preocupação com relação ao referencial teórico que subsidiará a discussão do tema em questão, no que se refere aos aspectos do Serviço Social.

Retomando a discussão sobre a exigência de comprovação acadêmica e profissional, a/o AS 3, todavia, considera limitante esta exigência legal, pois segundo ela/e,

Eu acho que é limitante porque se a gente entende a família pelos vínculos, quando você fala "só pode falar disso quem tem comprovação [acadêmica]", você vai especificar algumas pessoas. Para nós ok, no nosso trato aqui com o trabalho, tudo bem, mas se você pega um advogado que está lutando por uma parte, isso é um assunto que ele pode pegar e falar: "não, esse aqui não pode atestar isso, ele não tem comprovação". Então eu acho que isso limita... A alienação parental, em termos de curso, por exemplo, não deve ser uma coisa, igual esse que eu fiz com a Amanda que era uma coisa específica, ela fazia. Mais tarde eu conheci você, que atua na área. Então, não deve ser uma coisa disseminada, ao passo que você ouve: "você conhece gente que trabalha com família?". Sim, eu conheço a Profa. Dalva, eu mesma já trabalhei, outras pessoas já trabalharam com famílias, a Profa. Mioto, a Profa. Marta. Então você já vê um universo bem maior. "Você conhece gente que trabalha com alienação parental?" (AS 3).

A/O AS 3 traz nos relatos seu posicionamento de maneira contundente, fazendo referências a pesquisadoras da área da família. Embora tivesse ingressado mais recentemente na área sociojurídica, ela/e menciona que já tinha conhecimento da lei, mesmo atuando na área da saúde:

Quando eu cheguei aqui, eu já tinha uma noção da Lei. Eu já tinha participado de palestra da adoção [feita] pelo pessoal da defensoria pública, lá quando eu estava na saúde. Volta e meia, tinha uma promotora que estudava essa área, que se chamava Amanda, que estava fazendo mestrado nessa área. Ela era bem engajada na zona norte. Volta e meia tinha palestra sobre isso. E quando cheguei aqui eu achava que nada [tinha] a ver [com o] assistente social nessa questão. Foi quando eu conheci seu trabalho: "Nossa, uma assistente social estudando alienação parental". Porque era um assunto muito presente, na área da saúde, até por conta da Amanda, que sempre tocava nessa questão. Por mais que tivesse uma, tinha outra, meses depois. Era sempre recorrente. Na medida em que ela avançava na pesquisa, sempre tinha. Eu já conhecia esse assunto, eu tinha lido a lei. Quando surgiu um processo para mim, que tinha essa nuance mais específica, apareceu muito essa questão da alienação parental, eu fui ler a lei com mais cautela, com mais atenção e mais análise de conteúdo mesmo, para saber o que tinha ali (AS 3).

Por este motivo — o da necessidade de conhecer a lei e de ter o entendimento de que a convivência familiar envolve aspectos sociais —, é considerada incoerente uma conduta profissional que não reconhece tais aspectos.

A/O AS 3 considera fundamental a participação da/o assistente social nas perícias que tratam da alienação parental e o apontamento de aspectos sociais observados, para avaliar a questão do vínculo parental. Em seu entendimento, não caberia ao Serviço Social afirmar, sem o diálogo com a/o técnica/o de outra profissão, a ocorrência de alienação parental.

> [...] enquanto assistente social, para mim, naquele processo e tal, e de quanto eu li a lei, a lei não permite que eu sozinha aponte... Só eu assistente social [mencionar que é alienação parental]. Mas eu posso, sim, apontar todos os indícios que denotam que é alienação parental. Eu não posso afirmar sozinha, mas na equipe multidisciplinar, eu posso. Eu posso sozinha dar os indícios, como eu fiz nesse caso. Eu fui apontando os indícios, de como a mãe manipulava essas meninas para o afastamento do pai. Isso era gritante, evidente. É uma coisa que não tem como você esconder, fingir que não está vendo. Outro processo que a gente percebe também, porque às vezes a parte já vem com o discurso pronto: "É alienação parental". Quando você vai ver, não. Não tem tantas nuances de alienação [parental]. E outros você percebe que há sim. Agora estou atuando em um em que estou percebendo que há uma clara intenção de a mãe afastar a filha do pai. E eu vou fazer esse apontamento (AS 3).

Em sua visão, a/o assistente social teria condições para fazer tal afirmação apenas ao atuar em uma equipe interdisciplinar.

Entendemos, assim, que possivelmente estão, entre as preocupações da/o AS 4, as relações entre assistente social e psicólogas/os, frequentemente separados por uma linha tênue:

> Aí nós estamos falando que devemos ter, dentro do corpo de profissionais, de técnicos, de peritos do Judiciário, comprovada capacitação para poder falar sobre o tema. Porque quem pode, por exemplo, dar diagnóstico médico é médico. Quem pode falar sobre determinados quesitos nos autos é o psicólogo. E essa linha tênue, às vezes, entre... isso me pertence, isso não me pertence, eu acho que a gente... eu pelo menos sinto mais na Psicologia. Outro dia, uma colega confeccionou um laudo e tinha um termo que alguém chamou a atenção e disse: "olha, cuidado com esse termo, porque esse termo"... (AS 4).

Embora as questões até agora levantadas e fartamente colocadas no discurso da/o entrevistada/o se centrem nos limites de cada área profissional, a/o AS 4 analisa como a alienação parental aparece nos processos sob o aspecto social de forma muito aproximada à empregada pelo discurso da/o AS 3:

> Eu acho esse tema delicadíssimo. Confesso a você que quando vêm as ações... Eu tive uma ação que, até na ocasião, eu discuti com você e conversamos, que a ação veio como ação de alienação parental. O objeto da ação era a alienação parental. Ela está vindo agora, e, não sei se você concorda, e a gente comentou isso informalmente aqui na Seção, muito transversal. Agora, guarda e alienação parental, regulamentação de visita e alienação parental. Às vezes, eu fico até em dúvida, qual é o objeto que eu estou [analisando], no momento de fazer o estudo do processo, e eu tenho até escrito nas minhas anotações, qual é o eixo dessa ação, né? Porque, às vezes, não fica claro que é a guarda, porque vem tão carregada com essa questão da alienação nas petições e nos argumentos das partes. E eu acho um tema extremamente subjetivo, muito subjetivo porque a maioria das petições que trazem a questão da alienação [parental] não trazem atos que podem levar à [alienação

parental]. É... Então, aquilo que outro dia você estava conversando e colocando para [a equipe] quando você apresentou o artigo que você levou para aquele congresso e que [foi feita] a nossa roda de estudos, a confusão que se tem da síndrome com os atos de alienação. Síndrome, não somos nós que diagnosticamos, que identificamos, enfim... Agora, o que eu sinto são os atos, e isso, eu, profissionalmente, nesse momento, acho que precisamos ler, estudar e se respaldar mais, inclusive com elementos do Serviço Social. A pergunta que eu me faço também: "como que isso pertence [ao assistente social]?" Até onde é nosso, entendeu? Na verdade, o que que é nosso? (AS 4).

O discurso dessa/e assistente social revela atitude responsável, ao se atentar a tantas nuances envolvidas nas acusações de alienação parental, das quais nós, profissionais comprometidas/os com o projeto ético-político, não devemos nos abster.

Por isso, a necessidade da realização de um estudo que seja capaz de desvelar o que é apresentado. Nesse sentido, foi possível verificar que a/o AS 4, ao iniciar o laudo da perícia anteriormente relatada, e amparada/o por Baptista (2006), busca explicitar o objetivo do estudo social em Serviço Social:

> Partimos do princípio de que toda situação é uma situação a ser desvelada, sendo as versões de cada [pessoa] um material para a compreensão da realidade (Caso 5 — AS 4).

Em sua visão, a alienação parental

> [...] é um tema que está sendo usado de uma forma desmedida pelos advogados, nas ações que estão se apresentando e de uma forma até irresponsável [...]. Quando a gente conversa com a parte e questiona, levanta alguns pontos para refletir, você percebe que ela também não sabe o que é exatamente... Ela quer, de alguma forma, atingir o outro... O advogado falou que essa aí é a bola da vez, entendeu? Mas com a perícia [social], com o estudo [social], você vai vendo que aqueles

> elementos não são suficientes, não estão presentes. Agora, na hora da gente fazer o laudo? Eu tenho tido dificuldade de afirmar... Esse aqui é um caso de alienação [parental], aqui não é alienação [parental]. Será que compete à gente fazer isso? Que também foi outra discussão que a gente teve (AS 4).

No entanto, consideramos que, se partirmos da perspectiva de que a perícia em Serviço Social em casos supostamente tidos como sendo de alienação parental envolve a visão sobre o direito à convivência familiar em vez de identificar se um pai/mãe fala mal do/a outro/a para as/os filhas/os, se torna fundamental a nossa participação nas perícias técnicas. A este respeito, a/o AS 2 conclui:

> Então, eu acho que assim, quando chega um caso de alienação, você pode contribuir sim, apontando isso no seu laudo, sugerindo situações que dê uma desestabilizada nesse poderio, aumentar a quantidade de tempo de convívio, e tal, porque assim, quando as pessoas chegam aqui, que já se instalou essa questão, você trabalhar com um dos genitores, o genitor alienante, por exemplo, do que isso pode acarretar, não surte, que isso é um trabalho a longo prazo, eu acho que é um trabalho de terapia, um trabalho muito maior do que simplesmente pontuar, orientar, né? Eu acho que o que você pode fazer é sugerir ampliação do convívio, esse tipo de coisa (AS 2).

Nesse sentido, encontramos a manifestação da/o AS 2 no Caso 13, no qual, embora se tratasse de uma ação de guarda, apareceu a questão da alienação parental no decorrer das avaliações, com ênfase na situação atual dos irmãos e na forma como cada um deles se referia à relação com os pais. Por esse motivo, aponta no parecer:

> Acrescentamos que, sob nossa análise, a adolescente deve ser integrada ao convívio da mãe e irmãos, posto não ser aceitável a exclusão de um dos filhos por dificuldades no relacionamento (Caso 13 — AS 2).

Vale destacar que esse caso teve, além da perícia em Serviço Social, perícias psicológica e psiquiátrica, sendo determinado pela/o juiz/a que fosse apresentado um único laudo. O laudo, todavia, foi elaborado com distintos pareceres, considerando o previsto na Resolução n. 557/2009 do CFESS, que prevê o atendimento multidisciplinar, mas a manifestação técnica individual.

Observamos que, no laudo psicológico, houve por parte da/o técnica/o a percepção de que o pai e a mãe, em momentos distintos, praticaram atos de alienação parental: o pai porque maculava a imagem materna às/aos filhas/os, colocando em questão as capacidades mentais dela, e ela, ao expor na mídia a situação familiar, com ênfase em acusá-lo de agressão.

A sentença do Caso 13[7] foi na direção de reconhecer a ocorrência da alienação parental por parte do pai e da mãe, que foram advertidos, por meio dessa sentença, conforme o inciso I do art. 6º da Lei. No caso da genitora, além ter sido reconhecida a prática de alienação, foi determinada a obrigatoriedade de acompanhamento psicológico, uma vez que ela é portadora de transtorno psiquiátrico, e, ainda, a aplicação de uma multa exorbitante.

Sob a perspectiva das relações sociais de sexo, a sentença que reconheceu a ocorrência da alienação parental, de certa forma, pareceu mais punitiva à mulher do que ao homem, conforme Rocha (2022).

Observou-se que nesse caso a "penalidade" para o genitor foi mais branda em comparação à da genitora, pois, para essa, mesmo sofrendo de um transtorno psiquiátrico, foram aplicados os demais incisos (II ao VII) do referido artigo sendo, inclusive, concedida e mantida a guarda unilateral em caráter definitivo das/os três filhas/os ao genitor, e mantida a convivência entre a mãe e as/os filhas/os sob supervisão, já que os vínculos afetivos estavam preservados.

---

7. Devido à complexidade do referido caso, a sentença foi dada após quatro anos do início processual, ocasião em que a pesquisa que realizávamos já havia sido concluída.

A alienação parental é, de fato, como pudemos notar, um assunto que mobiliza diferentes posicionamentos por parte das/os profissionais, seja em relação ao significado, seja no que se refere às ações interventivas. Conhecer as opiniões das/os profissionais entrevistadas/os nos permite desenvolver as observações iniciais, como veremos na próxima seção.

4.2.2 Exigências e condições para os profissionais quanto à família e ao desenvolvimento do atendimento no caso da Alienação Parental

Como foi possível observarmos, nas concepções de família entre as/os assistentes sociais que atuam nas varas da família são distintas as posições e perspectivas teóricas. Ainda que a/o AS 2 afirme ter uma visão profissional sobre as famílias, não está claro em seu relato o embasamento que utiliza em sua análise. No caso da/o AS 1, suas referências se aproximam da área da terapia familiar, em função de sua formação. AS 3 e AS 4, por sua vez, demonstram ter um entendimento sobre as famílias pautado na perspectiva histórico-social.

Pudemos constatar, nos discursos das/os entrevistadas/os, que prevalece para as/os assistentes sociais com vasta experiência no trabalho com famílias em litígio uma visão sobre a família pautada nos aspectos religiosos; já no caso das/os assistentes sociais que ingressaram posteriormente na área sociojurídica, a análise acerca do significado de família traz outros aspectos passíveis de serem correlacionados com o contexto social mais amplo (Rocha, 2015; Gois, 2014b; Fávero, 2009; Campos, 2010).

Talvez esse fato esteja associado ao tempo decorrido desde a graduação das/os profissionais e ao acesso ou não a investigações teórico-práticas que possibilitem uma posição crítica sobre questões da família contemporânea.

No que se refere às concepções de alienação parental, observamos que todas/os as/os profissionais entendem como sendo um tema de delicado trato, assim como também reconhecem a falta de produção e referências no Serviço Social.

Embora a/o AS 1 tenha apresentado uma definição objetiva sobre alienação parental, por outro lado foi possível observar que, para ela/e, atuar nesses casos significa a interferência na relação do pai e da mãe com as/os filhas/os. Verificamos que os demais sujeitos tiveram um entendimento similar a esse respeito.

A percepção da/o profissional acerca das questões anteriores tem fundamental relação com a sua compreensão sobre o significado de família e, consequentemente, se expressará em sua visão acerca da alienação parental na perícia em Serviço Social, cujo parecer tem significativa contribuição nas sentenças judiciais dos processos para a garantia do direito à convivência familiar.

4.3 Serviço Social e a perspectiva da proteção integral — da alienação parental ao direito à convivência familiar

Na primeira parte do presente capítulo, buscamos conhecer os discursos das/os assistentes sociais sobre família e Serviço Social, a partir das entrevistas e de trechos dos laudos pesquisados.

Nessa etapa do último capítulo, procuramos, através dos discursos das/os assistentes sociais, centralizar as experiências exitosas que possibilitaram tanto a crianças e adolescentes como aos pais e às mães que passaram pela perícia em Serviço Social a retomada ou a ampliação da convivência familiar. Trata-se de situações relatadas nas entrevistas ou constantes nos pareceres dos laudos analisados, nas quais as/os profissionais consideraram que suas atuações favoreceram a retomada ou o fortalecimento dos vínculos familiares.

Assim, como foi possível verificarmos no discurso da/o AS 2, ela/e apresenta como bem-sucedido um atendimento no qual havia fortes evidências de que as/os filhas/os estivessem sendo influenciados pela mãe a não manter contato com o pai. No decorrer do estudo social em Serviço Social, essa/e técnica/o aproximou pai e filhas/os, sendo um momento marcante para eles, porque um das/os filhas/os conseguiu expressar seus sentimentos.

> Eu lembrei de um caso que logo que eu vim para a vara da família, era uma família de muita grana e tal, eles separaram e tinham dois filhos, um já era adolescente e o outro pré-adolescente. E o menino tinha pavor do pai. E era uma coisa, uma situação que estava tão instalada, que tinha assim, todo um ritual para não ir [...], aí a mãe, a avó, sabe? [...]. Ele [o pai] não ia conseguir ver o filho, se continuasse naquela situação. Então eu sugeri [um encontro, mas] o menino se recusava a vir com o pai, ele se recusava a sair da casa dele com o pai (AS 2).

> [...] eu conversei com a mãe, mas ela, como boa alienadora, queria se mostrar disponível. Eu sugeri que ia acompanhar a visita deles e marquei na casa do pai. Ela iria levar os filhos, os dois, na casa do pai, e eu estaria lá, né? (AS 2).

> E foi uma coisa tão interessante, porque foi uma quebra de gelo! Porque lá eles reviveram algumas situações, aliás era a casa dos avós paternos. E aí, eles começaram a reviver coisas que eles passaram lá, junto com os avós. No fim, eles sentaram, almoçaram, mas aí nesse momento eu já não estava mais. Depois um deles me deu o retorno. E assim, houve um início de retomada, o menino conseguiu falar "pai", o que ele sentia da ausência dele, porque ele trabalha muito e foi nesse ponto que a mãe... E aí o pai começou a buscar algumas vezes o menino na escola, começou a ir na escola, e assim... Nesse momento da perícia, eu achei que foi uma situação exitosa. Depois eu não sei mais o que aconteceu (AS 2).

Em outro exemplo, ao falar de uma situação em que considerou sua atuação positiva, a/o AS 3 traz relatos significativos de um caso que atendeu com fortes evidências de alienação parental. Nesse caso, a mãe alegava que as duas filhas teriam sido abusadas sexualmente pelo genitor e, portanto, se mostrava contrária ao pedido de visitas que foi impetrado por ele.

O laudo psicológico emitido pela/o perita/o judicial descartou a possibilidade de ter ocorrido o abuso. O caso foi encaminhado para perícia em Serviço Social tempos depois e a mãe persistia no histórico de abuso sexual. Conforme o discurso da/o AS 3:

> Eu acho que foi proveitoso porque quando o pai veio aqui, o pai não tem essa fortaleza toda, é uma pessoa mais fragilizada e tal. E a mãe "trunca" mesmo o encontro dos pais com as filhas, é um caso que está no CEVAT[8]. E mesmo no CEVAT as visitas não se efetivaram. Se efetivaram as duas primeiras e as outras não. As meninas começaram a falar: "ah... porque aí tem dengue, porque aí é escuro, as técnicas, assistentes sociais e as psicólogas xingam a gente...", umas coisas que não se configuram na prática. Eu já estive no CEVAT e as colegas não vão chamar uma criança de "peste". E a mãe, num contato talvez com outras mães, e isso eu não posso afirmar, falou: "ah, falaram que elas não são obrigadas a entrar", e de lá para cá, eu atendi o caso em abril [2015] e isso já tinha acontecido antes. As duas primeiras visitas aconteceram em novembro [2014] e a mãe

---

8. O CEVAT — Centro de Visitas Assistidas do Tribunal de Justiça do Estado de São Paulo — foi criado por meio do Provimento CXVI/1980 com o objetivo de monitorar visitas entre não guardiões e as/os filhas/os, cujas famílias enfrentavam processos altamente litigiosos. Inicialmente, essas visitas assistidas ocorriam no Foro Central, na "Sala de Visitas", e eram acompanhadas por assistentes sociais das Varas de Famílias desse foro, recém-contratados por meio de concurso público. Ao longo dos anos, esse serviço passou por várias modificações, inclusive, com a inserção de psicólogas/os em 1985 (ano em que ingressaram os primeiros psicólogas/os no TJ-SP). Atualmente, o CEVAT funciona no Foro Regional do Tatuapé. Está em vigor o Provimento CSM n. 2.403/2017, que, dentre suas diretrizes, estabeleceu que as visitas assistidas ocorrerão aos finais de semana, em dois turnos — período da manhã e período da tarde —, cada um deles com dois/duas assistentes sociais e dois/duas psicólogos/as que acompanham e registram as visitas em documento próprio. Posteriormente, as informações serão juntadas aos respectivos processos para subsidiar os/as magistrados/as em suas decisões e sentenças, definindo (e redefinindo) situações envolvendo guarda, regulamentação de visitas e alienação parental. A Lei de Alienação Parental, no art. 4º, em seu parágrafo único, prevê que "assegurar-se-á à criança ou adolescente e ao genitor garantia mínima de visitação assistida, ressalvados os casos em que há iminente risco de prejuízo à integridade física ou psicológica da criança ou do adolescente, atestado por profissional eventualmente designado pelo juiz para acompanhamento das visitas".

falava que não tinha sido intimada, e, quando foi determinada a visita, levou uns sete meses para ter essas duas primeiras, e depois não teve mais. O pai criava atrativos, levava fotos para as meninas, levava coisas, mas elas não queriam entrar e xingavam, reclamavam e ficavam lá fora, e logo eram dispensadas (AS 3).

No laudo, ela/e traz dados que remetem à persistência da mãe com relação ao abuso.

[A mãe] referiu que se sente indignada com os laudos que remetem ao não abuso, pois acompanhou a filha quando ela narrou aos profissionais do Hospital Pérola Byington todo o ocorrido (Caso 10 — AS 3).

Diante desses e de outros relatos da mãe, somados às observações feitas durante as entrevistas, a/o AS avalia que poderia se tratar de um caso de alienação parental.

Então, este caso tem umas nuances de alienação parental, para mim, eu falando aqui posso dizer, é alienação parental, eu não posso afirmar, mas os indícios são muito fortes porque houve indicativo de abuso sexual para evitar o contato e depois foi comprovado que não, inclusive no processo crime. Então tudo isso, mais a evitação das visitas, não podem se falar por telefone e tal, foi criando um afastamento desse pai que já perdura há certo tempo [...]. Então, com dois anos e meio você ter um vínculo rompido com o seu pai, passados quatro anos você tem aquela figura do pai bem esmaecida, né? Não é uma pessoa presente no seu cotidiano, ainda mais nessa fase da criação, de início da primeira infância. Então, o que que aconteceu? Eu tinha comentado com o pai, que é uma pessoa bastante frágil, que não se posiciona de uma forma impetuosa, ele é bem resignado, eu falei para ele, "olha, você pode exercer o seu poder familiar, vai até a escola das meninas, toma pé da situação, participa da reunião, que é também uma forma de você demonstrar interesse, mas acima de tudo, de manter o vínculo, quando você estiver com elas [dizer] olha você foi assim na escola, eu estava na sua apresentação" (AS 3).

Posteriormente, durante a audiência do caso, da qual a/o AS 3 participou, ela/e soube que o pai já tinha tomado iniciativa no sentido de participar de maneira efetiva da vida das filhas, após as suas orientações durante a perícia.

> Então, este caso, você estava falando de casos exitosos, eu não sabia que ele tinha adotado essa postura, fiquei sabendo ontem, achei um avanço. Para quem, até então, se mantinha inerte, isso já é um avanço. "Vá tomar pé da situação das suas filhas, saber, se aproximar, porque isso vai favorecer para desconstrução dessa imagem que a mãe também está tendo, falando, 'ele é ruim, é péssimo, é horroroso'... Tá. Tudo bem, "mas, olha, meu pai foi na escola, olha, meu pai deu tchau lá na sala...", mas vai pegar informação com a professora... Eu acho isto exitoso. Eu penso que uma forma de desconstruir essa imagem negativada, aí é o poder familiar, né? E você usar esta informação, a favor da parte e das crianças. "Olha, você pode fazer isso, pode fazer aquilo...", porque vai contribuindo para traçar outro perfil (AS 3).

A/O AS 3, neste sentido, traz relatos que indicam a necessidade de se encontrar alternativas e estratégias que viabilizem o fortalecimento dos vínculos, em que pese o longo período de afastamento, o que vai na perspectiva da autonomia profissional, conforme Iamamoto (2001). A promoção de um encontro dentro do Fórum, mesmo diante das dificuldades colocadas pela genitora, aconteceu.

> A gêmea 2 tomou a sacola das mãos do requerido e de forma agressiva jogou seu conteúdo. Ficou em pé ao lado do [avô paterno] e da [esposa desse] que estavam sentados. Começou a folhear os álbuns de fotografia e se reconheceu. Logo [a irmã] se juntou ao grupo e passou a se reconhecer nas fotos (Caso10 — AS 3).

> A gêmea 1 se mostrou mais receptiva ao contato com o genitor, já [a outra] demonstrou agressividade no trato com ele (Caso 10 — AS 3).

Diante dessa alternativa de aproximação inicial visando à convivência familiar das irmãs em questão, a qual ela/e avalia como sendo exitosa, a/o AS 3 reitera a perspectiva da proteção integral em seu laudo ao afirmar:

> Entendemos que o direito à convivência precisa ser efetivo para fortalecimento do vínculo paterno-filial, e esses laços se revigoram com o contato contínuo, conforme preceitua o Estatuto da Criança e do Adolescente em seu artigo 4º (Caso 10 — AS 3).

Tal posição favoreceu a decisão que, em um primeiro momento, determinou encontros entre pai e filhas na casa dos avós paternos, em caráter provisório. Na sentença[9], foi reconhecida a prática de alienação parental por parte da genitora, sendo determinado que ela custeasse o pagamento de uma profissional — assistente terapêutica — para acompanhar e facilitar as visitas entre as irmãs e o genitor. Ela também foi advertida com relação ao risco de mudança de guarda (mantida com a genitora) caso permanecesse impedindo o convívio e a relação paterno-filial.

Destacamos, ainda, por meio dos relatos da/o AS 3, sua atuação em um caso no qual considerava haver indícios de alienação parental:

> Na interação que teve aqui, entre pai e filha, pelo que observei, o pai se dá muito bem com a filha e a filha se dá muito bem com o pai. Só que é uma menina... "ah, você não segura na minha mão, só que tem 9 anos, não quer estar no shopping juntos, perto, quer que segure na mão". O pai também é uma figura bem fragilizada, coincidentemente, nesse caso.

A/O AS 3, ao relatar este caso durante a entrevista, o compara com o caso anteriormente exemplificado, tendo em vista os aspectos

---

9. À época da finalização desta pesquisa (2016), ainda não tinha sido dada a sentença, o que se efetivou em novembro/2018.

observados que coincidiam tanto pela fragilidade paterna, como pela influência que a mãe exercia em relação às crianças.

> E a mãe tem uma influência muito forte, mas não tão forte que ele não consiga se colocar como genitor. Ele quer conviver com a menina, e também ficou afastado por um tempo, né, que tem estas nuances que estou falando para você e me vem as coisas muito iguais. Então eu vou fazer este apontamento, sim, que eu percebo que há indícios de alienação e isso daí começa com coisas sutis, né? "Ai, não pode ir hoje, porque ah... Está doente, ai, não pode atender o telefone, deixa que eu falo por ela... Ela falou para mim, eu falo para você" e vai se afastando, só que, quando se encontraram, beijaram, abraçaram, o pai e a filha conversaram, fizeram planos (AS 3).

Observamos em seu discurso que a/o AS 3, durante os atendimentos realizados, buscou, através de uma abordagem que nomeia como "socioeducativa"[10], fazer ponderações sobre as versões apresentadas por todos, bem como orientações que viabilizem a aproximação entre genitoras/es e crianças, principalmente nos casos em que os vínculos estão fragilizados.

> Ela se queixou destas coisas, "ah, você não segura na minha mão quando a gente está no shopping...", se queixou, mas foi uma coisa que eu falei "mas você já falou para o seu pai sobre isso, que você não gosta que ele atenda o celular quando está com você?". Às vezes é um mimo, né? Não atende o celular, porque está comigo, porque ele tem que estar comigo. Então, tem que ter... Acho que tato de falar "olha, eu estou aqui...". É uma menina de nove anos que não usa escadas rolantes porque tem medo... Mas, olha, aconteceu alguma coisa? "Não, não aconteceu... Mas uma vez eu vi uma criança que ficou com o pé preso... Na televisão... E aí eu fiquei

---

10. De acordo com Mioto (2009), ações socioeducativas se referem a intervenções como orientações e acompanhamentos que afetam a vida de indivíduos, grupos e famílias. A depender dos referenciais teórico-metodológicos e técnico-operativos das/os assistentes sociais, tais ações realizadas pelas/os assistentes sociais que se pautam no projeto ético-político da profissão contribuem para a emancipação e exercício dos direitos dos cidadãos (Lima *apud* Mioto, 2009).

com medo..." e não usa mais. E a mãe se vale dessas fragilidades, por exemplo, "ah, quando ela está com o pai, ele quer ir na escada rolante e ela não quer...", mas aí a gente tem que saber qual é o fundamento disso e tentar coibir e não ter até uma atitude... fora, né? "Olha, por que você está com tanto medo da escada rolante?" Tentar buscar esta informação, então... (AS 3).

Da mesma forma, a/o AS 9, em sua perícia em Serviço Social em um caso de alienação parental da qual ela/e não observou indícios, buscou demonstrar a importância da convivência familiar através dos relatos das próprias crianças:

> A filha disse-nos que gosta de conviver com o pai tanto quanto gosta de conviver com a mãe, preferindo residir na companhia materna, embora pudesse aumentar um pouquinho a convivência com o pai. Gosta de falar com ele todo dia pelo telefone (Caso 8 — AS 9).
>
> O filho disse-nos que gosta igualmente do pai e da mãe, os quais são legais, mas que poderia aumentar um pouquinho a convivência com o pai, ampliando mais uma visita nas segundas-feiras (Caso 8 — AS 9).

Entendemos que, como peritos/as do Serviço Social, elementos que observamos e expomos, seja a partir da nossa posição, seja por meio dos relatos das pessoas que são atendidas, são formas de demonstrar aos/às magistrados/as pontos importantes que devem ser considerados, especialmente quando se trata do direito à convivência familiar (Fávero, 2013).

Em outro caso considerado de alienação parental, embora houvesse relatos distintos por parte dos genitores, a/o AS 10, em seu laudo, trouxe elementos que sugeriram que a convivência familiar das crianças com o pai e a mãe estava sendo garantida:

> [A menina] apresentou-se meiga e expansiva, aparentou ter maior discernimento sobre a situação que vive, indicou tendência a contemporizar, atenuando-se os conflitos. [O menino], embora tenha demonstrado maior

reserva, da mesma forma interagiu com tranquilidade, declarou gostar de ambos os genitores e a forma de agir de cada um (Caso 11 — AS 10).

No Caso 12, a/o AS 4 também se pauta nos relatos da criança para reiterar a importância da participação da mãe na vida dela, ainda que os avós paternos tentassem desqualificá-la:

> Enfatizando as limitações socioeconômicas e intelectuais da requerida e sua família de origem [...]. Quanto à formação escolar, aludiu que a requerida nunca soube ler e que "falava um dialeto" com a criança "que só eles entendiam, aquilo que não era português".
> Cumpre-nos informar que a requerida é de origem nordestina, tal qual sua família de origem, e apresenta sotaque nordestino, bem como uma fala ligeiramente anasalada, conforme percebemos na entrevista (Caso 12 — AS 4).

Os relatos da genitora, segundo a/o AS 4, também confirmavam essa desqualificação da figura materna devido às suas origens, pois:

> No decorrer da convivência, começou a trabalhar e disse que sua rotina de trabalho dificultava estar mais presente no cotidiano da filha e as decisões referentes à criança foram sendo tomadas pela avó. Na ocasião acreditava que era o certo a fazer e referiu que "deixou de muito na mão" da requerente e que confiava nas decisões que eram tomadas pela mesma. A genitora considera que errou ao abrir mão das decisões referentes à [criança] porque o avô tomava frente de tudo.

Toda esta "carga" de desacreditação da genitora, embora não tivesse rompido a relação com a filha, criou uma imagem para a criança dos aspectos materiais e financeiros que supostamente a mãe não poderia oferecer.

> A criança se manifestou em entrevista aparentemente desejosa de se manter coabitando com a avó paterna, prevalece em sua fala o juízo sobre

as condições materiais, comparando as condições ofertadas anteriormente pela mãe e seus familiares e as que são ofertadas no momento pelos avós paternos. Por outro lado, reconheceu a sua genitora e apresentou disposição em manter contato com a mesma, de quem não aventa a possibilidade de separação, visto que foi possível observarmos a interação entre ambas, estando presente o vínculo materno-filial (Caso 12 — AS 4).

No parecer, ela/ele aponta que:

> Identificamos a importância da convivência da criança em tela com os avós paternos, visto que as relações familiares com a "família extensa" permanecem centrais para a criança.
> Neste momento, diante dos dados obtidos no que se refere aos aspectos sociais frente às partes e ao ambiente familiar ofertado para a convivência com a criança, o presente estudo não revelou indícios de abandono ou negligência por parte da genitora em relação à criança que justificassem que a mesma seja destituída do seu poder familiar.

Embora as pessoas tenham entrado em acordo, acreditamos que os dados apontados contribuíram para que, na homologação, não tenha ocorrido a suspensão do poder familiar, bem como para garantir que a mãe tenha acesso diário à filha, assim como ampla convivência familiar também aos finais de semanais e nos períodos de férias escolares.

Ainda exemplificando atuações significativas, a/o AS 3 relembra um atendimento sobre regulamentação de visitas.

> Ah, eu sei de um caso que falava do uso problemático de drogas, eu fiquei sabendo pela Psicologia, que o juiz tinha agradecido a nossa atuação, falado da nossa atuação, tanto minha quanto da psicóloga, que favoreceu a condução da audiência. A mãe não queria que a menina de 14 anos, salvo engano, tivesse contato com o pai que fazia uso problemático de droga. Porém, ele fez esse uso em alguns momentos, até quando a menina era mais nova, a mãe permitia que o pai ficasse com ela. Então,

quer dizer, quando ela era criança, ela podia estar em contato com esse pai, que fazia uso problemático de drogas, e quando a menina cresce, a mãe fala que não, que não é para fazer mais contato. Ué? Se ela tem melhores condições de se defender hoje emocionalmente, uma estrutura e tal que você pensa que uma criança de cinco, seis anos, vai, e uma menina de 14, por que hoje não, né? (AS 3).

No laudo, ela/e traz elementos obtidos durante o estudo social em Serviço Social, conforme é possível verificar:

> Antes de ingressar com a presente ação, a genitora conversou com a filha e também com a avó paterna, e expôs os fatores que motivaram tal atitude para a regulamentação de visitas. Os mesmos fatores que não deixavam a genitora tranquila em concordar com pernoites da filha na casa do pai, acrescentou que também se pautou nas manifestações negativas após a visitação e nos questionamentos que a filha fez sobre a visitação (Caso 3 — AS 3).

> As visitações do genitor, após o processo, passaram a ser intermediadas pela avó paterna, isso segundo a jovem não dificultou sua rotina de convivência com o genitor. Ela informou ainda que não vê risco em conviver com o pai e que não se sente insegura na companhia dele (Caso 3 — AS 3).

A/O técnica/o considera que, nesse caso, havia uma proteção exacerbada sobre a jovem, sobretudo por parte da mãe, o que a impedia de buscar sua autonomia de maneira segura e saudável, motivo pelo qual refletiu essas questões com o pai e, especialmente, com a mãe.

> Não, de alienação eu não vi. Eu percebi o seguinte, que a mãe era superprotetora. Em algum momento, ela teve um segundo relacionamento em que ela teve um filho. Então, essa menina já não era tanto o foco das atenções e para ela era conveniente que o pai pegasse a menina, porque ela tinha uma criança que ela deveria cuidar, mas mais tarde, quando o menininho já cresce, né, que é esse filho, aí ela começa a voltar o olhar para

> essa menina, e o pai nesse período teve dois episódios em que teve que ser internado, por uma questão de abuso mais intenso de drogas, né? E o pai falou para a menina, "olha, eu vou deixar de te visitar...", ele cumpria as visitações com regularidade. "Eu vou deixar de te visitar porque eu não estou em condições, eu vou me internar, eu não estou bem e tal...", ok. E a mãe achou que isso foi um desrespeito com a menina, que não deveria ter falado, e não sei o quê. Na minha avaliação foi o contrário, ele não podia sumir. Se é uma pessoa que cumpre as visitações com regularidade e sumisse, daria a entender um desinteresse. E ele não. Falou, na medida do entendimento da menina de 14 anos, olha eu vou me internar porque eu não estou bem. Quando eu melhorar, eu volto a ver você. E foi o que foi feito, então, eu não entendi que tinha... Era uma superproteção que a mãe se voltou para a menina naquele momento. Era uma menina bem protegida, a ponto de... a mãe, o pai e a avó moram no mesmo quadrilátero, e a menina não ia sozinha. Uma menina de 14 anos que não consegue descer a rua sozinha para ir na casa da avó? É desnecessário. Então, nesse caso, especificamente, eu não percebi a alienação (AS 3).

Embora não se trate de um caso de alienação, a/o AS 3 traz o relato a fim de exemplificar a sua visão sobre o que não é alienação parental. Consideramos relevante o destaque de trechos do laudo por também conter uma posição sobre a perspectiva da proteção integral da criança e da/o adolescente, no qual o trabalho do/a assistente social é importante, seja para promover a convivência familiar, seja para fomentar a emancipação e autonomia juvenil, conforme a/o AS 3 pondera:

> Na abordagem socioeducativa mencionamos sobre essa fase da adolescência, da dinâmica de construção de novas referências, do desenvolvimento gradual de habilidades e da ampliação da autonomia. Exemplificamos isso com a fala da adolescente que narrou que quando criança o genitor auxiliava nas atividades da escola, mas que isso não é mais necessário. Refletimos sobre formas de visitação e sobre a condição salutar de manifestar seus desejos para os genitores como forma de fortalecimento de vínculo (Caso 3 — AS 3).

Nesse diapasão, a genitora relatou que faz indagações à adolescente para obter informações detalhadas sobre a qualidade do contato realizado entre pai e filha. Compreendemos que a forma como ocorrem tais questionamentos fragiliza e acentua a insegurança da adolescente e não promove a autonomia. Finalmente, junto com a adolescente definimos, aparentemente, a maneira mais indicada de visitação que compreende jantar com o genitor, às quartas-feiras, e visitação quinzenal aos domingos das 11h às 19h para que se efetive o direito da mesma conviver com o pai, uma companhia protetiva e afetuosa (Caso 3 — AS 3).

Em outro caso que foi sugerido pela/o AS 1, embora não tivesse muitas informações sobre o histórico familiar e a relação do pai e da mãe, o laudo do Caso 7 traz vários relatos das crianças sobre o convívio com o genitor. Ainda que alguns apontassem ciúmes de um das/os filhas/os em relação ao tratamento diferenciado que o filho da madrasta teria, os relatos demonstram que o convívio com o pai é saudável e que não havia impedimentos por parte da mãe.

> O menino evidenciou o cuidado de não desprestigiar nem sua mãe nem seu pai, mostrando-se afeiçoado a ambos (Caso 7 — AS 1).

No parecer, a/o AS 1 aponta que tem sido garantida a convivência familiar das/os filhas/os com o pai, conforme é possível ver na transcrição a seguir:

> O pai evidencia amor paternal pelos filhos e queremos crer que sua mobilização no sentido de participar mais intensamente da formação deles para a vida exprima esse mesmo amor, embora sua evolução profissional prodigiosa hoje lhe exija constantes deslocamentos no território brasileiro e até por outros países, inviabilizando por vezes até mesmo o efetivo exercício da visitação estabelecida e homologada em ação anterior.
> Assim sendo, não encontramos conveniência em modificar o regime de guarda, visitas e alimentos celebrado pelas partes em ação anterior, e sugerimos sua manutenção, neste momento (Caso 7 — AS 1).

Nesse caso, foi homologado acordo mantendo a guarda com a mãe.

Nas situações anteriormente relatadas, em sua maioria, podemos dizer que é possível identificar nos discursos das/os assistentes sociais o que Iamamoto (2001) afirma ser um/a profissional propositiva/o e criativa/o, tendo em vista tanto as alternativas realizadas para a promoção do direito à convivência familiar, como para demonstrar nos laudos a posição do Serviço Social sobre as distintas situações que demandaram estudo social.

A partir da análise dessas experiências positivas anteriormente identificadas, prosseguimos para a última parte deste capítulo, na qual serão analisadas as contribuições das/os assistentes sociais nas situações que envolvem alienação parental.

4.4 Alienação Parental e os discursos do Serviço Social — contribuições a partir da prática profissional

No decorrer deste capítulo, analisamos como os litígios e a alienação parental têm impactado a prática das/os assistentes sociais. Além das posições das/os assistentes sociais em relação à alienação parental e ao significado de família, é possível conhecer exemplos de situações consideradas exitosas, significativas na promoção do direito à convivência familiar e desenvolvidas em distintas formas de atuação.

Em nosso entendimento, os discursos a respeito da visão de família influenciam a forma como as/os profissionais se posicionam em relação à alienação parental e, consequentemente, podem repercutir, em muitos casos, nas decisões judiciais, aspecto que desenvolveremos nesta última parte do capítulo IV.

Com essa base, consideramos como passíveis de compreensão as formas como as/os profissionais entrevistadas/os se posicionam acerca da atualização profissional e como se preparam para atender às distintas demandas inerentes ao cotidiano das varas da família, assim como se empenham para conhecer a realidade social a ser desvendada e, ao mesmo tempo, nela intervir.

Dessa forma, avaliamos que a atitude investigativa da/o assistente social é que poderá fornecer subsídios para que suas ações não sejam imediatistas nem utilitaristas (Baptista, 2006).

Essa atitude investigativa que, conforme Prates (2005), aprimora o trabalho da/o assistente social não é alicerçada apenas por meio da experiência profissional, mas também pelo constante aprimoramento.

No discurso da/o AS 1, verificamos que sua atualização profissional se dá por meio de consultas a fontes bibliográficas:

> A abertura e escuta atenta das realidades encontradas, além da minha própria experiência pessoal, são os melhores orientadores da atuação. Na bibliografia, minha maior fonte de identificação, partindo sempre de minha experiência e dos olhos e ouvidos bem abertos à realidade vivida e encontrada, foi a "Teoria do Apego", de John Bowlby (AS 1).

O/A AS 1, que tem pós-graduação em terapia familiar, se apoia em referenciais da teoria do apego, mas considera que a experiência pessoal é o que melhor ampara sua prática profissional.

Como já discutido no capítulo III, afirmações como esta, ainda que venham de profissionais comprometidas/os com a lisura de seu trabalho, a exemplo da/o entrevistada/o, podem sugerir uma prática pautada na certeza sensível.

Nessa lógica, respaldamo-nos novamente em Baptista (2006, p. 29), que nos ensina que a/o profissional "deverá procurar encaminhar as reflexões e os resultados em um sentido histórico, social, político e técnico de produção de conhecimentos que tem em vista uma prática mais consequente".

A/O AS 2, como podemos perceber em seus relatos, revela interesse em buscar aprimoramento profissional através de cursos. Menciona que na época em que começou a atuar nas varas da família, algumas/uns profissionais estranhavam o fato de ela/e buscar atualização:

> Quando eu vim para cá, a gente trabalhava numa equipe... Era uma equipe reduzida e era uma equipe de pessoas que já estava há muito tempo [...], achavam que já sabia tudo [...] e eu não pensei isso. Eu cheguei aqui e fui a primeira que fui fazer grupo de estudo na vara da família. Então o pessoal falava assim: "nossa, para quê? Eu não preciso mais disso" (AS 2).

> E eu sempre achei importante estar se atualizando, porque a gente trabalha numa área que a família é dinâmica. Não dá para você falar "não, eu já sei tudo". Faz vinte anos que eu estou no tribunal, sei lá quantos... e... não! A família é dinâmica! Então, eu participei do grupo de estudos de Família. Na época eu não fui para o grupo de estudos de vara da família. Primeiro eu fui para o [grupo de estudos] de Família. Aí, depois eu fiz mediação, na Escola Paulista [da Magistratura] e a Terapia Familiar eu já tinha. Mas hoje, eu estou sentindo a necessidade de voltar para o grupo de estudos porque eu não estou conseguindo fazer outros cursos, então, eu acho que o grupo de estudos vai me ajudar bastante (AS 2).

A/O assistente social reafirma, nos discursos anteriores, a importância do constante aprimoramento e, para isso, faz uso especialmente de grupos de estudo, cursos e palestras que são oferecidos pelo próprio TJ.

As/Os profissionais que ingressaram posteriormente no Tribunal de Justiça também apontam a necessidade de se capacitar, tendo em vista as especificidades da atuação na área sociojurídica, a exemplo da/o AS 3:

> Dá para perceber, logo de cara, a especificidade do Tribunal. E a gente tem uma formação generalista, e, então, até ter essa adaptação, ela é um pouco mais complicada. Você vai aprendendo novas coisas, a lidar um pouco com a área do Direito, porque a vara da família trabalha bastante, ela é bem mesclada com a área do Direito, no que diz respeito à guarda, à curatela, são aspectos mais do Direito, do que propriamente

sociais, como se fosse o caso do ECA. Embora seja parte do Direito, tem um fundo social muito forte. Aí eu fui aprendendo no contato com você, com as colegas, com os processos que chegavam, tirando dúvidas e acho que hoje a coisa está mais pacificada. Aprendi mais e tenho mais condições (AS 3).

É possível constatar a atitude investigativa no discurso da/o entrevistada/o, dado o seu interesse em conhecer a nova realidade profissional em que se inseriu. Para Fraga (2010, p. 42), "a atitude investigativa é o fomento básico do exercício profissional do assistente social que se refere ao movimento de desocultamento do real [...] só se investiga o que conhece e o incomoda".

Da mesma forma, a/o AS 4 demonstra preocupação com a atualização desde sua formação profissional, conforme seus relatos:

> Então eu busco isso através do estudo, quando eu resolvo fazer o mestrado. Eu sabia que estava "desfasada" do ponto de vista da prática... teórico, das discussões que estavam acontecendo no Serviço Social. Então, eu achei por bem retomar o estudo e eu fiz através do mestrado. Concorri ao mestrado da PUC aqui em São Paulo, mas trouxe a discussão daquilo que tinha sido a minha prática nos últimos anos... (AS 4).

Em outro momento da entrevista, a/o AS 3 descreve a importância da atualização, aproximando-se, assim, do que é defendido no projeto ético-político da profissão:

> Sempre que tem algum curso que eu considere que é importante e interessante, eu participo. A minha proposta inicial, você sabe, era fazer o mestrado assim que eu entrasse aqui, mas não rolou. Era muita novidade e as demandas do mestrado também. Então, isso foi bem complicado. Mesmo assim, eu comecei a adquirir bibliografia própria para fazer as leituras. Sempre que eu faço um processo, eu quero ler uma coisa sobre o assunto. Nesse período que eu estou aqui, houve a mudança da guarda compartilhada, a introdução da guarda compartilhada. Então isso foi um

fato novo que eu comecei a estudar. Houve também a questão da transexualidade. Ultimamente eu tenho estudado mais por conta e quando aparece algum evento, eu também vou (AS 3).

Embora para a/o AS 2 o TJ favoreça a participação em cursos de atualização profissional, a/o AS 3 considera que as vagas são limitadas, além de não haver ampla divulgação:

> Eu acredito que não, não favorece, por quê? Embora tenha cursos constantemente no CEJUSC, esses cursos não são de larga abrangência. Tem 20 vagas, 10 vagas... Não é amplamente divulgado, "olha, dia tal vai ter..." (AS 3).

A/O AS 4 afirma que, mesmo diante da grande demanda, procura se manter atualizada/o como forma de respaldar as posições e manifestações técnicas nos pareceres; acrescenta:

> A gente acaba sendo consumido, se a gente não tiver cuidado, a gente se deixa levar por essa maré, né? [...] E eu procuro ler, mas estou lendo muito menos do que eu lia anteriormente. No ano passado, eu participei do grupo de estudos, eu achei que era uma ferramenta e uma forma... E nós discutimos o cotidiano da prática profissional e foi muito interessante. Gostei muito e foi um espaço bacana, tenho algumas críticas, mas eu acho que fazia esse... trazia esta possibilidade de você sair um pouco aqui desse espaço e dialogar, debater (AS 4).

> Acho que a qualificação para você fazer um parecer sobre aquilo é importante. O Direito tem muito isso. No Direito todos são formados, mas você tem as áreas de conhecimento em que você está especializado, então, um advogado, um jurista, ele não dá um parecer se ele não for apto, [...] porque a Lei impõe isso, e eu acho que de certa forma, isso pode ser benéfico. Por quê? Porque traz uma necessidade de você estar, de fato, preparado para poder aferir aquela realidade, dentro dessa questão da

alienação [parental], se não eu vou estar sendo contraditória com tudo que eu disse antes. Se é uma questão subjetiva, se ela impõe uma leitura com um cuidado e um conhecimento que exige uma melhor apreensão desse tema, então nós vamos concluir que é importante que isso seja feito por alguém que tenha a apreensão sobre esse tema (AS 4).

Tais relatos reforçam a atitude investigativa da/o assistente social, que, nas palavras de Fraga (2010, p. 42), "é essencialmente um pesquisador".

No que tange à perspectiva do trabalho interdisciplinar, os discursos de todas/os as/os profissionais entrevistadas/os, ao que pudemos constatar, são unânimes em afirmar que ele não se efetiva na prática, especialmente pelas demandas de trabalho.

> Quando existe proporção entre o interesse dos profissionais envolvidos em contribuir para a efetiva aplicação da justiça [...], é eficaz e profícua. Quando se trata de um jogo de esgrima para não se expor nem contrariar interesses com medos de retaliações, torna-se um fardo a mais a carregar para quem está imbuído da intenção de fazer o melhor para a felicidade e salvaguarda das pessoas envolvidas (AS 1).

> Eu não sei se pode se falar em um trabalho interdisciplinar. Eu acho que não acontece. Eu acho que aconteceu um pouco mais de abertura para discussão, né? Hoje, por exemplo, eu fui obrigada a fazer esse trabalho multidisciplinar, foi uma coisa inédita aqui, né... de [Psicologia] e Psiquiatra. Uma pessoa fora do judiciário, mas foi uma determinação que teve que fazer, né? Então, assim, para eles, multidisciplinar é fazer junto, entendeu? E não é por aí. Multidisciplinar é cada qual com a sua visão, para você conseguir dar um subsídio melhor, e assim, no começo, eu tentava, eu falava isso para o juiz e ele não entendia. Interdisciplinar não é isso, de fazer um papel só. É muito mais do que isso... Então, assim, até que eu elaborei aquela forma, como a gente apresentou, né? Fazendo uma apresentação de como seria o trabalho, o histórico conjunto e cada um faz um laudo, lá dentro, entendeu? Cada um tem a sua visão. Como você pode

escrever no mesmo laudo sem separar a visão sua com a da Psiquiatra? Ainda bem que a gente conseguiu fazer um parecer convergente. Cada um separado [...].
Tinha que falar a mesma coisa. Ainda bem que foi... Aqui no Judiciário não tem [trabalho interdisciplinar]. São discussões de cada caso, mas não é trabalho... Eu não entendo isso como trabalho interdisciplinar (AS 2).

Então... Aqui eu não acredito que ele se efetive. Eu acho ele rico, eu acho ele importante, nós ampliamos horizontes, eu já tive chance de ler laudos de colegas que atuaram no mesmo processo que [...] atuou a psiquiatra, a psicóloga e a assistente social, de forma concomitante. O laudo é super-rico, por quê? A situação é a mesma, mas o ponto de vista de análise é outro. Então o laudo adentra, abrange melhores aspectos da totalidade, que a gente não consegue enquanto assistente social abranger a totalidade do ser humano, como o psicólogo também não consegue e o psiquiatra também não consegue. Então, isso agrega [...]. Mas aqui no TJ, eu não vejo essa atuação interdisciplinar. Eu vejo, sim, que tem atuação que o assistente social faz, o psicólogo também, e, por algum motivo, um procura o outro, em casos pontuais, mas não é uma verdade, que sempre acontece. Aconteceu também, especificamente nesse caso, que havia abuso sexual, teve uma discussão multidisciplinar, que o juiz chamou a gente, do Serviço Social, o psicólogo e ele para discutir o caso. Foi bacana a experiência, porque a gente trouxe os nossos elementos, eles trazem os deles. Tem coisas, por exemplo, que só o Direito pode dizer, no sentido de... um processo de interdição, você não pode retirar a interdição. Isso é uma coisa que eu não sabia. Eu achava que a parte podia desistir a qualquer tempo. Uma interdição, você tem que levar até o final. E quem fala isto? O juiz, né? (AS 3).

[...] menos do que... bem menos do que eu acho que eu gostaria e que seria necessário. Eu acho que aqui na nossa... como a minha experiência é muito recente, né... é... basicamente um ano e meio, vai para o segundo ano, eu não tenho assim... elementos para fazer uma comparação. Eu acho que um colega, ou você mesma, que já teve outras incursões, mas é... eu vou falar então deste momento vivido, né? (AS 4).

As/Os assistentes sociais, em linhas gerais, expressam a importância que o trabalho interdisciplinar tem, considerando a complexidade dos casos atendidos. Uma situação relatada pelas/os AS 2 e AS 3, que culminou inclusive na elaboração de um único laudo das áreas da Psicologia, Psiquiatria e Serviço Social, cujos pareceres foram feitos individualmente, foi citada como exemplo.

Se, no entendimento das/os assistentes sociais entrevistadas/os, há a percepção de que, nem sempre, é possível a realização do trabalho interdisciplinar[11], indagamo-nos, diante do fato de que a própria Lei de Alienação Parental requer "avaliação biopsicossocial" nos casos suspeitos, se é possível a realização de tal perícia.

Vale aqui destacar o trabalho de Lima e Santos (2012), no qual as autoras abordam o trabalho interdisciplinar nas situações envolvendo alienação parental. Sobre a experiência interprofissional, elas afirmam que:

> A atuação interdisciplinar deu oportunidade para a discussão constante do caso e a troca de informações. Mesmo diante das diferentes especificidades, com as respectivas limitações de cada área profissional, pudemos usar a nosso favor a complementaridade interprofissional, que foi determinante para que conduzíssemos as avaliações de maneira linear e em conjunto (Lima e Santos, 2012, p. 188).

Diante da indagação se o estudo social em Serviço Social poderia, de fato, contribuir com a decisão judicial, as opiniões das/os entrevistadas/os são diversificadas.

> Costumo acompanhar as decisões a respeito dos casos mais graves em que atuo, e posso dizer que existe repercussão, sempre, de um trabalho

---

11. Ainda que seja frequente a determinação judicial para perícia em Serviço Social e psicológica, especialmente nos casos de alta litigiosidade, ao que pudemos observar as perícias nem sempre ocorrem simultaneamente, em decorrência da própria dinâmica de trabalho e pelo fato de os processos (mesmo sendo digitais) nem sempre serem enviados para as seções, o que pode, de certa forma, dificultar o trabalho interdisciplinar.

bem-feito, mesmo que a decisão judicial não seja aquela sugerida. No frigir dos ovos, a própria realidade encaminha as coisas do modo como devem ser, independente do aporte do Judiciário em cada caso, assim acredito, porque a força do amor prevalece sobre todas as mesquinharias (AS 1).

Eu só acho uma pena que eles banalizem tanto o nosso trabalho no sentido de milhares de vezes mandarem coisas que não têm necessidade nenhuma de... só para cumprir tabela. Aí, o que acontece? Coisas que realmente... Você tem que pôr tudo no mesmo balaio, e aí, às vezes, você não se dedica tanto o quanto tem que se dedicar numa determinada situação que realmente necessita mais, porque tem coisas que não tem necessidade nenhuma de ter mandado para cá (AS 2).

Enquanto para a/o AS 1 a contribuição é possível, mesmo que a determinação judicial não siga o caminho sugerido, pois, para ela/e, findado o processo, as pessoas tomam rumos bem distintos do que o determinado, a/o AS 2 avalia que o fato de muitos casos serem encaminhados para avaliação sem necessidade impede que as/os profissionais se dediquem com afinco a situações que necessitam de mais atenção.

Já a/o AS 4 entende que efetivamente a visão da/o assistente social pode contribuir com as decisões judiciais, dadas as especificidades do Serviço Social na compreensão da dinâmica familiar.

Eu não vejo como a gente não contribuir. Eu não vejo, por exemplo, como você falar da parte sem falar do todo. Eu vejo, o Serviço Social, é o olhar é o todo, né? Nós olhamos o todo e a alienação parental é uma parte desse todo. Então, falando a palavrinha que a gente adora, "como é que nós não vamos contextualizar esta realidade" (risos), somos nós que fazemos isso, nós é que trazemos à luz dessa ação, desse estudo, dessa perícia para poder justamente trazer elementos que levem a uma melhor decisão. Nós é que trazemos esse cenário. Então, é... não existe como falar... Você não vai atestar a alienação parental, né? Acho que esse é o caso, justamente porque não estamos falando da síndrome, me corrija se eu estiver errada, não é isso? (AS 4).

É... Eu estou reproduzindo um pouco essa questão que a gente lê, né? Mas a criança apresenta comportamentos, ela já está diante de uma situação em que isso revela até um adoecimento em função da situação vivida, mas é só o atestado médico que fala: "olha, a febre dela é porque a mãe está falando mal do pai, o pai está falando mal da mãe, e ela está...", é um conjunto, você não vê a parte só. Então a minha... Eu, como assistente social, acho que quando a gente faz a... quando a gente traz essa realidade, a gente está trazendo justamente esse todo que é imprescindível para você olhar essa parte. Então, eu não consigo me ver fora (AS 4).

Contextualizar a situação familiar e a realidade das pessoas envolvidas no litígio, relacionando-as com as demandas apresentadas e as reais, é elemento importante que a/o assistente social pode trazer em seu parecer, como observa a/o AS 4. Tal posicionamento é passível de confirmação em Guerra (2009, p. 81), pois:

[...] a demanda imediata do usuário, apesar de ser a problemática inicial que a mobilizou, nem sempre é a sua demanda real; na maioria das vezes, ela é o veículo (ou o meio mediador) que porta a capacidade de conduzir o assistente social à busca da demanda real, da essência.

Se, por um lado, as/os entrevistadas/os são unânimes em afirmar que o trabalho da/o assistente social pode contribuir com as decisões judiciais, por outro, ao serem indagadas/os se isto se efetiva através das determinações e sentenças judiciais, ou seja, se de fato as/os juízas/es levam em conta as sugestões técnicas, os posicionamentos são bem diversificados.

Normalmente, com respeito e acatamento das sugestões ofertadas (AS 1).

Não sei... Porque isso depende do conjunto probatório, e o nosso [laudo] é só mais um disso, né? Para formar a convicção dele. Então, assim no começo, eu tinha muito essa coisa: "ah, não vai ler, não vai isso...", mas aí você tem que entender que assim, e é nisso que eu procuro, e assim,

> nessa parte eu fiquei com uma visão mais jurídica (risos...), por quê? Eu acho que o nosso laudo, como o laudo do psicólogo, nada mais é do que mais uma prova nos autos. E o juiz vai analisar com todas as... se basear em todas as provas para formar a convicção dele, né? Então de repente... E eu acho que tem a questão subjetiva do juiz também, né? Tem muito isso também, e se de repente aquilo ali vai ao encontro ou totalmente contra todas as outras provas dos autos, e mesmo que você saiba que tenha feito um trabalho consciente e isso e aquilo, se uma das partes falhou ao apresentar provas [...] Então é... Chega nesse momento, eu tenho essa visão jurídica (AS 2).

Para a/o AS 1, seguramente as sugestões das/os assistentes sociais são aceitas pelas/os juízas/es, mas, para a/o AS 2, o laudos do Serviço Social é uma prova a mais, em um conjunto de outras provas, como documentos e depoimentos, da mesma forma que o laudo psicológico.

Neste sentido, reportamo-nos a Fávero (2009), que explicita com rigor que a perícia em Serviço Social, enquanto "instrução processual", tem o objetivo de fornecer subsídios ao/à magistrado/a a partir da perspectiva da/o assistente social, da mesma forma que o resultado expresso no parecer social viabiliza e garante direitos (Fávero, 2013).

Assim, consideramos que, mesmo o laudo do Serviço Social tendo o caráter de "prova", devemos estar atentas/os ao significado social que este instrumental pode representar em termos de possíveis impactos na vida das pessoas envolvidas, assim como na dinâmica familiar, especialmente nos casos que envolvem acusação de alienação parental.

As/Os AS 3 e AS 4 observam, quanto à utilização do resultado da perícia, que as/os juízas/es nem sempre fazem menção ao laudo do Serviço Social em suas sentenças ou decisões:

> Olha... Me parece, mas eu posso estar enganada, mas me parece que eles vão bem mais para o lado da Psicologia. Assim... pegam [mais] trechos [dos laudos] da Psicologia do que dos laudos do assistente social. Eu acho que ainda a nossa profissão aqui não tem a força que ela tem de fato, né? A gente, enquanto assistente social, tem uma visão de

realidade, uma visão muito forte, sabe... que poderia contribuir até para trazer o juiz para outro universo, não aquele universo enaltecido que ele vive, de acesso a tudo e todos, né? Não, olha... Vamos trazer um pouco de realidade: a maioria da população vive assim... Eu acho que a gente, enquanto assistente social, teria essa nuance "pé no chão" para eles, e eu não sei se eles valoram tanto isso... Eu tenho... Me parece, me dá a impressão, que eles vão muito mais pelo aspecto psicologizante do que, na verdade, social. É... Eu tive a possibilidade de discutir também um outro caso que eu fiz, que foi o menininho da Grécia. E a história de vida, teve um momento que a gente estava falando da história de vida do menino, para justificar aquela situação que ele estava, de afastamento do pai e tal. Não era alienação parental, era pura birra do menino, manha e tal. E, na época, eu lembro que uma frase que ficou bem assim... crítica para mim... Primeiro, o juiz falar que eu não tinha lido o processo... Segundo, o juiz virar e falar que "Ah não... esta história de vida, não interessa"... Ué? A história de vida é o percurso que me conta quem eu sou hoje... Se isso for desconsiderado, como que é isso, né? (AS 3).

Não sei, assim, mensurar para você, mas dos que eu atendi, eu curiosamente vi alguns em que houve uma decisão favorável considerando... levando em conta o laudo do assistente social. Muitas vezes, o Ministério Público se pronunciando antes, favorável, e aí o juiz acatando o parecer do promotor. Mas eu acho que nós somos bastante demandados e depois o retorno fica aquém. Vou até usar uma expressão mais informal.... Pedem, pedem... Tudo é o Serviço Social, solicitam o... Tudo é estudo social. Se nos demandam e tem essa expectativa sobre o estudo social. Inclusive a gente vê situações, pega o processo e diz: "por que isto está aqui?... Gente, pelo amor de Deus, o que é isso? Não... tudo é estudo social... Se nos demandam e se tem essa expectativa quanto ao estudo social, não é proporcional, depois eu acho, nos que eu atuei, ao laudo social. Não quer dizer que é contrário ao laudo, mas a gente não vê a leitura do nosso laudo expressa naquela decisão (AS 4).

O posicionamento da/o AS 4 sobre os/as juízes/as acatarem as sugestões do Serviço Social é similar ao da/o AS 3 no sentido de que parece haver, por parte dos/as magistrados/as, maior aceitação das sugestões da Psicologia, fato que também pudemos observar em nossos estudos e que não significa que os laudos do Serviço Social não sejam considerados. Vale aqui destacar o trecho do parecer da/o AS 4 sobre o Caso 5, no qual atuou e que se tratava de alienação parental. Em seu ponto de vista,

> Não obstante, observamos que, a despeito das divergências, postas na relação conjugal, findada a convivência dos filhos com o genitor não guardião, foi preservada informação corroborada pelas entrevistas dos jovens e seus genitores (Caso 5 — AS 4).

Como constatamos na sentença, a/o juiz/a considerou improcedente o pedido do genitor de que fosse decretada a alienação parental por parte da genitora e, para tal, apoia-se nas perícias:

> Todos foram submetidos à avaliação social e psicológica, que indicou não haver qualquer oposição da genitora aos contatos com o pai, ao contrário, constatou-se que essa incentiva os filhos a conviverem com o genitor, sabendo da importância que tal convivência tem para o desenvolvimento deles.
> As perícias também comprovam que o genitor tem interesse pelos filhos e que, apesar de algumas dificuldades de comunicação com a filha mais velha, não negligencia sua função de pai (Sentença — Caso 5 — AS 4).

No Caso 1, indicado pela/o AS 5, cujo estudo social em Serviço Social foi determinado para ser averiguada a ocorrência de alienação parental, o laudo aponta que, embora não tenha ocorrido o rompimento da relação entre pai e filha, havia fortes indícios de que a mãe estivesse praticando os atos previstos na lei, porque ela desqualificava o genitor na presença da filha e de outras pessoas, conforme o inciso I do art. 2º. Em seu parecer, aponta:

Tivemos a oportunidade de ouvir as gravações de alguns telefonemas da mãe à jovem e constatamos linguajar agressivo por parte da ré e exigências à jovem para que contrapusesse às atitudes do pai (Caso 1 — AS 5).

A sentença judicial caminhou na direção de reconhecer a procedência da ação de Alienação Parental, inclusive o/a juiz/a, em sua decisão, embora tenha dado maior visibilidade aos aspectos psicológicos, conforme observado anteriormente pela/o AS 3, se vale da avaliação social ao citar que:

> A própria filha disse à assistente social que o relacionamento atual do autor não frequenta a sua casa quando ela está lá (Sentença — Caso 1 — AS 5).

Já no Caso 14, também atendido pela/o AS 5, embora fosse uma situação de disputa de guarda, a questão da alienação parental teria surgido durante a perícia em Serviço Social, conforme o entendimento da/o própria/o técnica/o.

> Diante do exposto, sob o ponto de vista técnico e levando-se em consideração a Lei n. 12.318, de 26/08/2010, entendemos que se trata de caso complexo com indícios de alienação parental, no qual o genitor se omite em facilitar os contatos e convivência da criança com a genitora, entre esta e a escola e também com omissão de dados do endereço e informações médicas. Além disso, a criança tem uma meia-irmã de 16 anos, por parte de pai, com a qual pouco contato teve até hoje.
> Entretanto, não sugerimos neste momento a reversão da guarda, tendo em vista que o relacionamento materno-filial encontra-se seriamente comprometido, sendo necessário que a visitação materna tenha continuidade, não só porque é um direito da criança, mas também porque um afastamento definitivo pode causar um rompimento irremediável nesse relacionamento (Caso 14 — AS 5).

Na sentença, a/o magistrada/o menciona as hipóteses apontadas pelas/os profissionais que realizaram as perícias técnicas, conforme verificamos.

> Os estudos técnicos apontaram várias hipóteses para a origem da rejeição que a filha apresenta, como, por exemplo, maus-tratos da mãe contra a filha, conflito de lealdade, alienação parental ou até menor condição financeira da mãe (Sentença — Caso 14 — AS 5).

Contudo, o/a juiz/a não decreta alienação parental, mas chama a atenção do genitor para promover a convivência da mãe com a filha, inclusive pautando-se em jurisprudência:

> No campo das visitas, o guardião do filho[12] é devedor de uma obrigação de fazer, ou seja, tem dever de facilitar a convivência do filho com a visitante nos dias previamente estipulados, devendo se abster de criar obstáculos para o cumprimento do que fora determinado em sentença ou fixado no acordo (Sentença — Caso 14 — AS 5).

Ainda na referida sentença, o/a juiz/a também aponta que os laudos não foram conclusivos, pois,

> Com efeito, os laudos realizados por assistente social e psicóloga se limitaram a descrever a dinâmica do problema em tela, sem apresentar uma proposta de visitação. Apenas a acompanhante terapêutica [...] (Sentença — Caso 14 — AS 5).

No que se refere aos aspectos sociais, verificamos no laudo do Caso 14 que o fato de não haver maior contextualização da situação,

---

12. Substituído o termo "menor" que consta na citação original.

agregando fatores históricos e da construção das relações familiares, pode ter contribuído para o posicionamento do/a juiz/a.

Sobre a importância da análise sócio-histórica, embora tenha sido desconsiderada por outro/a juiz/a conforme relatos anteriores, a/o AS 3 afirma que:

> Até para você falar de algumas ações que se dão hoje, muitas vezes, não é pragmático, mas a história de vida compõe um ser, ela não é nada, não é nada que possa ser desconsiderado. Então, quando ele falou esta frase, nossa... Foi a hora que eu fiquei quieta e deixei a pessoa da Psicologia falar, né? Estamos em outra "vibe". Então eu não sei se contribuí ou se eles realmente dão a devida relevância (AS 3).

Essa perspectiva é encontrada em seu laudo, elaborado com apoio bibliográfico, conforme a transcrição a seguir, a respeito do uso de substâncias psicoativas e responsabilidades parentais:

> Diante do que pudemos avaliar no decorrer do estudo, o genitor não oferece risco à adolescente e a presença de substâncias psicoativas não parece ser cotidiano em sua vida, pois se apresentou visivelmente saudável e com preocupações rotineiras de paternagem.
> Compreendemos o uso de substâncias psicoativas como um problema histórico-social que pode acometer determinado indivíduo. Nossa perspectiva é ampliar o olhar sobre o evento de consumo da droga, quer lícita, quer ilícita e apreender o indivíduo nessa relação social. O consumo de substâncias psicoativas é um fenômeno que acompanha a civilização, hoje esse evento espelha o sistema econômico contemporâneo e o seu ciclo da sociedade de consumo (Caso 3 — AS 3).

Vale ressaltar que as diferentes abordagens correspondem à autonomia profissional. Cada técnico/a tem uma forma de atuação, da qual não estamos questionando a validade, mas trazendo para o debate as visões destas/es profissionais acerca da alienação parental.

Prosseguindo nas reflexões sobre a autonomia profissional, apresentamos, a seguir, um trecho da entrevista da/o AS 2:

> Hoje eu estou na vara da família, mas eu já trabalhei em vara da infância, enfim, fazendo outras coisas. E o que eu acho... assim na vara da família? A gente acaba se envolvendo muito numa situação, mas se envolve naquela situação pontual, né? E então outro dia, a gente estava até conversando. Eu faço questão de não saber o que aconteceu depois. Por quê? A gente participa daquele momento. E depois daquilo, a gente não tem um retorno, não sabe quando tem um acompanhamento, né? Você fica ali, eu acho que meio que... só fazendo prova e processo. Mais ou menos assim, é o que eu penso. Sem ter muito espaço de movimentação, de atuação. A gente está ali, é aquela coisa, aquele momento... sem muita autonomia... Você tem autonomia dentro da perícia, só! (AS 2).

Como já abordado no capítulo anterior, a autonomia profissional, além de se expressar no parecer, manifesta-se também na escolha dos instrumentais e na forma como a/o assistente social conduzirá as suas ações (Iamamoto, 2001), conforme apontado pela/o AS 3.

> Vou falar que quando eu comecei, eu fazia um laudo muito mais descritivo, muito contando o que tinha, o que não tinha. Hoje, eu procuro fazer um laudo mais analítico. Então, eu reproduzo algumas frases quando são necessárias ou essenciais, igual ao caso de alienação [parental] que é essencial que eu traga essa frase, né? Eu levo, agora... quando é analisar mais do contexto social o que as pessoas estão me falando, eu acho que sempre vale a pena dar uma revisada na literatura, "vou dar uma olhada nisso e tal...". Às vezes a gente tem alguma frase que está ali na nossa cabeça e tal, mas é bom saber quem falou, se alguém falou, o que falam sobre aquilo, né? Acho que dar essa aprofundada e ter essa nuance, porque quando se faz um laudo analítico, parece que ele é todo um parecer. Se a gente cismar, como se diz, "ah... o juiz lê só o parecer, ele vai perder...". Tem coisas que eu falei lá no corpo do laudo, que eu não vou repetir no parecer, porque eu já falei. Então, eu acho que o laudo

analítico ele tem essa característica, e, por outro lado também, pensando em construção de laudo, o Conselho da Psicologia, ele avançou nisso, diferente do nosso Conselho de Serviço Social, porque por mais que a gente tenha uma liberdade, que a nossa profissão nos confere, de escolher instrumentais e tal, está muito claro, por exemplo, que a Psicologia tem um norte que eu acho bem interessante, até no sentido de falar qual a linha que está usando e tal, e acho que isso robustece o laudo, porque nós também... Então eu acho isso bem interessante (AS 3).

Pelos relatos da/o AS 3, fica evidente sua preocupação em apresentar um laudo coerente e mais analítico que descritivo, além de se pautar na literatura para realizar a perícia em Serviço Social.

Ao refletir sobre o sentido da autonomia profissional, reportamo-nos novamente a Fávero (2008, p. 28):

> Como profissional que goza de autonomia técnica no exercício de suas funções, direcionada por competências, atribuições, direitos e deveres estabelecidos em princípios, prerrogativas e saberes inerentes à área de formação, o assistente social deve atuar com competência ético-política e técnica, posta pelo projeto profissional — que estabelece direção ao trabalho pautada em princípios como liberdade, democracia, defesa dos direitos humanos e da justiça social —, em todos os campos e áreas de trabalho nos quais se inclui, e com demanda cada vez mais ampliada, a área Judiciária.

Fávero (2008) expõe como autonomia e direção do trabalho estão intrinsecamente ligadas. Por isso a necessidade de que a/o profissional tenha clareza sobre quais são os alcances e limites de sua atuação, especialmente na área sociojurídica, lidando com famílias em situação de litígio.

Os limites que se colocam no cotidiano de trabalho variam conforme o *locus* e podem, de certa forma, interferir na autonomia. Todavia, cabe ressaltar que não pode ser considerado como limite o que é inerente às nossas ações profissionais (Vasconcelos, 2015).

Nesse sentido, entendemos que é inerente ao trabalho do/a perito/a social que atua em vara da família, como vimos afirmando ao longo desta pesquisa, conhecer a dinâmica e as relações familiares com vista à garantia do direito à convivência familiar.

Assim, no atendimento de casos que envolvem situações de alienação parental, consideramos que tal demanda só poderá ser considerada um limite se a/o profissional direcionar sua perícia apenas para a busca de identificar ou não os atos presentes na lei, sem contextualizar os aspectos sociais mais amplos.

De acordo com Sousa (2015), a Lei de Alienação Parental, se considerada como um dispositivo de controle social ao punir as/os envolvidas/os nas situações em que os atos são reconhecidos, não implica necessariamente que o direito à convivência familiar seja garantido, mas, por outro lado, pode significar o comando, por parte do Estado, sobre as relações familiares.

Ainda na perspectiva da autonomia profissional, a/o AS 4 menciona que prefere não nomear a alienação parental, caso a identifique.

> Não, diretamente dessa forma, não. Mas agora você falando, como que se nomeava, mas como que ainda se nomeia? Porque é que a gente estava falando na questão anterior, que estou te dizendo, eu não nomeio. Talvez por insegurança, por falta de conhecimento, por necessidade talvez de me sentir mais respaldada, até tecnicamente e teoricamente. E eu acho isso extremamente... vamos dizer, é de grande responsabilidade fazer isso, não é?
> Então, eu confesso, eu não me sinto assim... segura para nomear. Então, e aí, é um outro lado. Vamos estudar, vamos aprender, vamos nos apropriar desse tema para a gente poder saber do que estamos falando e como devemos falar sobre isso (AS 4).

No Caso 13, destacado anteriormente, a/o AS 2 traz dados sobre a visão do genitor em relação ao casamento. Os dados sociais demonstram aspectos sobre a preocupação dele com as/os filhas/os, como é o cotidiano de família e o tempo que o pai dedica a elas/es, o que entendemos que também se refere à autonomia profissional. A visita institucional na escola onde estudam os três irmãos mais novos, ao que consta no laudo, traz elementos importantes para a análise social.

Acreditamos que, nesse caso, a/o técnica/o tenha adotado a posição de dar ênfase aos fatores que demonstram a forma como pai e mãe lidavam com as/os filhas/os, o que também trouxe elementos acerca da suposta alienação parental.

Em outra situação, referente ao Caso 11, a/o AS 10 não faz menção, no parecer, à alienação parental, embora esta fosse o objeto de estudo. Traz, todavia, elementos significativos para a análise do caso.

> Do ponto de vista social, embora cada um o faça dentro da sua realidade e condições, tanto o pai como a mãe têm atendido às necessidades de cuidados, educação e sociabilidade.
> Diante do exposto, compreendemos que [as crianças] possuem contato próximo com ambos os genitores, se considerarmos o regime de visitação anteriormente estipulado por acordo entre [eles]. Dessa forma, avaliamos que não há indicativos para sua alteração (Caso 11 — AS 10).

Nesse caso, entendemos que a/o AS 10, valendo-se de sua autonomia profissional, demonstra muitos aspectos referentes à convivência familiar da criança com o pai e a mãe, que, ao que ela/e apontou, é saudável e atende às necessidades da prole. Na sentença, conforme pesquisa realizada, consta que o pai e a mãe entraram em acordo, o qual foi homologado pela/o juiz/a.

No Caso 2, a/o AS 6 foi nomeada/o para realizar a perícia em Serviço Social de situação em que o pai acusava a genitora de cometer atos de alienação parental e dificultar seu convívio com as/os filhas/os. Havia relatos de que ela estaria induzindo as/os filhas/os a mencionarem uma suposta tentativa, por parte da madrasta, de tentar esfaqueá-los. Em seu laudo, a/o AS 6 apresenta alguns elementos que, seguindo a lei *stricto sensu*, poderiam indicar que eram verídicas as alegações do genitor.

> O discurso da requerida durante a entrevista e sua recepção em situação de visita foi marcado com uma postura distante, defensiva, de desconfiança, inviabilizando fluidez do contato. Em respeito à sua relação com os filhos a percebemos bastante inteirada sobre assuntos referentes à saúde, desenvolvimento escolar e cotidiano dos meninos.
> A madrasta apresentou discurso aparentemente franco e direto, mostrando nexo e lucidez em suas colocações. No trato com as crianças nos pareceu espontânea e disponível, respeitando o espaço de cada uma delas sem forçar uma afetividade maior do que a existente. Descreveu as crianças de modo carinhoso e com colocações construtivas (Caso 2 — AS 6).

Embora tenha feito observações sobre o constrangimento da criança em um determinado momento da perícia, no parecer do Serviço Social, a/o AS 6 relata que não identificou as alegações, especialmente porque as crianças não estão sendo impedidas de conviver com o pai, conforme destaca:

> O autor apresenta algumas situações pontuais de comportamento da requerida que sugerem alienação parental, no entanto, durante nossos estudos não foi possível identificá-los, uma vez que os infantes não o rejeitam e não são impedidos de conviver com a família paterna.
> Apesar do litígio, existente entre as partes, um ponto de concordância foi observado entre os genitores que diz respeito à importância do autor conviver mais e participar da vida dos filhos. Neste sentido, sugerimos que seja ampliado o regime de visitas para pernoites das crianças com o genitor de uma para duas vezes por semana (Caso 2 — AS 6).

Nesse caso, na sentença não foi declarada alienação parental, mas ampliada a convivência das crianças com o pai.

O Caso 4 (AS 7) trata de uma situação de guarda com acusação, considerada falsa pela/o técnica/o, de abuso sexual do pai contra os filhos. Esse caso foi diversas vezes discutido em equipe, devido à sua complexidade.

Os relatos indicam que as crianças, embora tenham sido incentivadas a forjar um suposto abuso sexual, estariam se desenvolvendo bem, inclusive na escola.

> Chamou-nos a atenção o foco da narrativa e detalhamento sequencial quase didático das crianças, apesar de serem tão pequenas e do suposto abuso ter acontecido oito meses atrás.
> Também não observamos que cada um dos irmãos exprimisse experiências próprias que individualizassem suas vivências subjetivas frente aos abusos noticiados (Caso 4 — AS 7).

No parecer, a/o AS 7, com base nas avaliações realizadas, utiliza-se de sua autonomia para emitir seu posicionamento técnico:

> Face aos aspectos apontados entendemos que, até o momento, do ponto de vista social, não há elementos que comprovem as denúncias de abusos sexuais praticados pelo pai.
> O genitor apresenta-se comprometido e em condições emocionais e materiais de ter a guarda dos filhos. Condições essas favorecidas pela boa convivência e prontidão dos avós paternos em apoiar o genitor no cuidado dos mesmos (Caso 4 — AS 7).

Na decisão, embora tenha dado maior destaque ao laudo psicológico, o/a magistrado/a faz menção ao laudo social.

> A perita assistente social elaborou laudo bastante detalhado, resultado de entrevistas com as partes, as crianças, avó, médico, equipe escolar do colégio em que as crianças estudam, além da visita domiciliar na residência da mãe e do pai (Sentença Judicial — Caso 4 — AS 7).

Em outro caso (Caso 6 — AS 8), consta no breve histórico do laudo que o genitor acusa a genitora de exercer controle exacerbado sobre as/os filhas/os, o que contamina a relação entre eles, já que ela apresentava comportamento obsessivo em relação às crianças no exercício da maternagem. Consta, ainda, que ela estaria tentando convencê-las a se mudarem para Miami com o objetivo de romper os laços e convivência com a figura paterna.

A mãe nega, alegando que sempre deixou livre o acesso do pai às/aos filhas/os, mas que ele era desinteressado e obrigava as crianças a conviverem com a madrasta. Embora exercessem a guarda compartilhada, o pai requeria a guarda unilateral.

A/O AS 8 apresenta, no decorrer do laudo do Serviço Social, importantes elementos sobre o histórico familiar e conjugal, a partir do relato de ambos.

> Focando o seu discurso na questão do alto valor da pensão e na indignação pelo fato de ter que continuar arcando com o sustento e "mordomias" da ex-mulher, o requente afirmou que jamais deixou de prover o alto padrão de vida dos filhos, sendo responsável pela totalidade das despesas mensais com a moradia, mensalidades escolares, assistência médica, clube e etc., além dos quarenta mil reais para despesas extras que depositou até 2013 (Caso 6 — AS 8).

> Quando indagada se pretende casar-se novamente ou se possui relacionamento amoroso, a requerida respondeu: Para quê? Eu tenho tudo o que quero, não preciso de um novo casamento. Por outro lado, deixou claro que não pretende também ingressar no mercado de trabalho, afirmando gostar de administrar a vida doméstica e conduzir a rotina da prole (Caso 6 — AS 8).

Os relatos do pai e da mãe demonstram o grau de litígio agravado por questões de ordem financeira, todavia, a/o AS 8 observa em seus estudos que não há indícios de alienação parental.

> A menina revelou desagrado com o fato de o genitor acolher e tratar a enteada como filha, ainda que seja o comum nos casos de segundo casamento.

> Na entrevista com o menino, o mesmo concordou com todas as queixas e comentários da irmã, muito embora revele forte apego à figura paterna e satisfação com as visitas e viagens que realiza com o pai.
> Os dados colhidos e observados durante o estudo social realizado nos permitiram afirmar que os indicadores de alienação parental apresentados pelo autor na inicial não foram encontrados no curso dos procedimentos periciais (Caso 6 — AS 8).

Na sentença do Caso 6, o/a juiz/a não decretou a ocorrência da alienação parental, e, baseando-se no laudo da/o assistente social, justificou que, se inicialmente houve atitudes da mãe que dificultavam o convívio com o pai, no decorrer do andamento processual, a genitora passou a ser colaborativa. Ainda se baseando no laudo da/o referida/o profissional, manteve a guarda compartilhada com o estabelecimento da residência materna como sendo a moradia das/os filhas/os do casal parental, que já tinham adentrado na adolescência[13].

No Caso 7 (AS 1), consta no histórico que o pai ingressou com o pedido de guarda compartilhada das/os filhas/os por almejar maior participação na vida delas/es, devido a ausências da mãe e a alguns comportamentos que o filho estava apresentando.

A/O profissional percebe, entretanto, que tanto a mãe como o pai são figuras importantes na vida das crianças. Pai e mãe conseguiram manter relação pacífica em prol das/os filhas/os.

> Acredita o pai autor que o ajuizamento dessa ação foi necessário em face de que vinha sofrendo um processo crescente de desqualificação junto aos filhos, e espera que sua atitude (ajuizando este ação) tenha o cunho de desencorajar a família materna (referia-se à mãe de seus filhos, e sua avó, isentando o ex-sogro) em atacar sua reputação e a da família que agora busca formar com a sua atual convivente (mãe de uma filha de dezenove anos e de um menino da mesma idade, de relacionamento anterior).

---

13. A sentença do Caso 6 foi dada após três anos do início do processo.

> Verificamos que o relacionamento das crianças na casa paterna fluiu alegremente, com os dois meninos de mesma idade (o filho do autor e o filho da madrasta), brincando animadamente e as crianças demonstrando alegria e carinho pelo pai (Caso 7 — AS 1).

No Caso 8, que se trata de alienação parental, a/o AS 9 traz no parecer aspectos que indicam que a convivência familiar das crianças com a mãe e pai está sendo preservada. Revela, de forma mais detalhada, o histórico familiar e a relação das/os filhas/os com a mãe e pai. A seguir, trechos do parecer social.

> Do que nos foi possível apreender durante a elaboração do presente estudo social, os filhos são crianças vinculadas positivamente com os seus genitores, estão sendo atendidas em suas necessidades básicas por ambos, cada qual com sua contribuição, e apresentam desenvolvimento biopsicossocial compatível com a faixa etária de cada um deles.
> No que se refere especificamente à alienação parental, alegada pelo requerente, entendemos que não é o caso em questão, sobretudo, porque as crianças seguem o regime de visitação ao pai, elas têm contato por telefone diariamente com o requerente, mesmo depois que ele deixou de vê-los em decorrência do mandado de prisão, e demonstraram-se afetivas com o genitor, tanto que ambos manifestaram apreciar a convivência com ele e solicitaram que a visitação se ampliasse "um pouquinho mais". Portanto, o pai é uma figura importante e amada na vida destas crianças, não havendo comprometimento desta relação parental (Caso 8 — AS 9).

Constatamos que, na decisão, a/o juiz/a só faz menção ao laudo psicológico, muito embora tenha determinado a perícia em Serviço Social.

O Caso 9 (AS 8) envolve modificação do regime de visitas. A mãe ingressou com o pedido, alegando que os dois filhos se recusavam a encontrar o pai porque sofriam agressões físicas e psicológicas por parte dele e da namorada. Em sua contestação, o pai afirmou que a mãe estaria perpetrando atos de alienação parental. A/O AS 8 traz dados históricos e socioeconômicos de ambos.

Em seu laudo, a/o assistente social informa que, se num dado momento houve acusações exacerbadas por parte da genitora sobre a conduta violenta do pai (o que não se evidenciou na perícia em Serviço Social, conforme destacou a/o profissional), no decorrer da perícia, ela se mostrou mais colaborativa e flexível com relação ao convívio entre o pai e os filhos.

O pai, por outro lado, que admitiu ter um temperamento forte e intenso, contribuiu para alimentar no imaginário dos filhos um pai agressivo, o que foi reforçado pela genitora.

No parecer, a/o assistente social não faz menção à alienação parental, mas aponta que, no imaginário das crianças, especialmente da menina, a figura do pai aparece como sendo a de um agressor, daí o seu afastamento.

> Verificamos, por outro lado, que a postura do réu e suas reações irritadas e, por vezes, ásperas, diante da rejeição manifestada pelos filhos podem ter reforçado a construção desse perfil paterno intolerante e pouco amoroso, ainda que, ao que tudo indica, não tenham ocorrido na dimensão e com a gravidade salientada nas petições da autora (Caso 9 — AS 8).

Em seu parecer emergiram informações significativas sobre a importância da presença da figura paterna na vida dos filhos, sugerindo a ampliação da convivência familiar

Nesse caso, o/a juiz/a decretou atos de alienação parental, mesmo ela tendo demonstrado mudança de atitude, porque, em outro momento, ela teria abusado do "poder sobre os filhos" ao tomar decisões sozinha, sem a participação do pai.

No entanto, ela/e manteve as crianças na moradia materna, mas determinou o exercício da guarda compartilhada entre o pai e a mãe.

No Caso 15, que foi atendido pela/o AS 3 e que trata de guarda, a genitora acusa o pai de ser um homem agressivo e violento com ela e com as duas filhas, sendo uma adolescente e a outra uma menina de tenra idade.

A/O assistente social explicita em seu laudo que, devido a esse histórico, a mãe não deseja que as filhas tenham contato com o genitor e, no caso da adolescente, ela expressa verbalmente o desinteresse pela visita, ao passo que a filha mais nova não vivenciou essa dinâmica de violência familiar, devido à separação dos pais. Quanto ao genitor, pontua, no laudo, que embora ele reconheça ser um homem mais enérgico e admita que a relação do casal era tumultuada, com brigas verbais constantes, nega a violência física. A/O AS 3 aponta, ainda, o interesse do pai em se aproximar das filhas, especialmente da mais nova, a fim de construir um relacionamento paterno-filial saudável, posto ter claro que, com a filha mais velha, naquele momento seria inviável.

Embora não faça menção à alienação parental, ela/e entende que havia, por parte da genitora, o intuito de dificultar a construção de uma relação saudável do pai com a filha mais nova.

> Depreende-se do estudo realizado que a requerente teme pelo bem-estar de suas filhas ante as vivências que teve com o requerido, crendo que a violência sofrida possa se perpetuar em desfavor da prole. Avaliamos que, para a requerente, a parentalidade se confunde com a conjugalidade e, aparentemente, o padrão cultural familiar era baseado em várias formas de violência (Caso 15 — AS 3).

Neste trecho, observamos que a/o técnica/o busca apresentar que a trajetória familiar era marcada por violência por parte do pai e da mãe, o que, em seu entendimento, afetou a criação da filha mais velha a ponto de a jovem se negar a conviver com ele. No entanto, no parecer, menciona que:

> No que se refere à convivência entre a [criança] e o requerido, entendemos pertinente a regulamentação para que a criança possa construir sua trajetória com o genitor. O afastamento da [menina] do pai se deu quando a criança contava com aproximadamente dois anos de idade, por isso compreendemos que ambos devem construir suas próprias vivências (Caso 15 — AS 3).

De acordo com a sentença, verificamos que o/a juiz/a se pauta nas sugestões da/o AS 3 e da perita psicóloga, que foram convergentes, dando ênfase ao parecer social:

> O parecer social veio no mesmo sentido [...]. Quanto à [menina], sugere a técnica que a aproximação se dê de forma gradual, com interferência de um acompanhante terapêutico (Caso 15 — AS 3).

Embora a genitora tenha recorrido em segunda instância para modificar esta sentença, o parecer da Procuradoria-Geral de Justiça foi no sentido de que seja mantida a decisão de primeiro grau,

> [...] garantindo-se a visitação assistida do apelado à [menina], ao menos em um primeiro momento, com a finalidade de resgatar os vínculos afetivos e familiares (Parecer da Procuradoria-Geral — Caso 15 — AS 3).

Como foi possível observar, a complexidade e a litigiosidade que envolvem as situações de alienação parental explicariam, de certa forma, o longo percurso entre o início do processo e a decretação da sentença de alguns casos em foi reconhecida a ocorrência da AP, o que não significa que o processo será extinto ou arquivado, já que em alguns casos, como no anteriormente exemplificado, as pessoas recorrem a instâncias superiores.

Ao finalizarmos as análises dos discursos das/os assistentes sociais por meio das entrevistas e laudos, podemos dizer que são distintas as formas de atuação e visões sobre a alienação parental e o seu significado.

Verificamos que algumas/uns profissionais buscam melhor conhecer a temática através de pesquisas relativas à alienação parental e se pautam nelas para a elaboração do laudo. Dos 15 laudos elaborados por dez assistentes sociais, apenas três profissionais se utilizaram de referências bibliográficas.

Não pretendemos, com isso, confrontar posições ideológicas, tendo em vista o princípio VII do Código de Ética Profissional do/a Assistente Social, conforme já mencionado no decorrer deste livro, relativo ao pluralismo e ao respeito às diferentes correntes profissionais. Observamos que existe empenho das/os profissionais na realização de seu trabalho, em que pesem a sobrecarga comum às varas da família e a complexidade do trabalho com famílias em litígio.

Conforme defendemos ao longo da pesquisa, o que estamos reafirmando é a necessidade de que as/os profissionais se apropriem da discussão da temática alienação parental, a fim de que os trabalhos realizados elucidem questões mais amplas do que a simples afirmação ou negação da alienação parental em seus pareceres.

Mesmo que Barbosa e Castro (2013) não tenham apresentado em seus estudos as especificidades para o trabalho da/o assistente social em casos envolvendo acusação de alienação parental, concordamos com as autoras quando afirmam que a falta de embasamento teórico e de um estudo aprofundado pode levar a sugestões equivocadas, além de fomentar o litígio entre as pessoas envolvidas.

Ainda que a Lei de Alienação Parental seja considerada um "avanço" para aquelas/es que idealizaram sua aprovação e a defendem, enquanto profissionais devemos ter a devida atenção para o que essa lei representa, em termos de assegurar direitos ou como forma de controle social, determinando modelos de exercício do poder parental que tendem muito mais a ajustar as pessoas e famílias ao que uma determinada parcela da sociedade entende como ideal do que a promover a garantia de direitos a todas/os as/os cidadãs/os.

Nos casos analisados e em que foi reconhecida a ocorrência da alienação parental, além da advertência às/aos "alienadoras/es", observou-se que em dois deles foi mantida a guarda unilateral materna, com a regulamentação e ampliação da convivência paterna, em um foi determinada a guarda compartilhada, sendo fixada a residência materna e ampliação da convivência paterna e, no último caso, no qual o pai e a mãe cometeram atos de alienação parental, foi mantida a guarda unilateral ao pai e o direito à visita monitorada da genitora às/aos filhas/os, além da fixação de multa.

Se, por um lado, nos casos em que foi reconhecida a alienação parental, a modificação de guarda pode não ser a alternativa ideal, sob a perspectiva do melhor interesse da criança, e, por este motivo, estas permaneceram sob os cuidados maternos, a problematização que se faz é qual a contribuição da lei, quando nos demais dispositivos legais já estão previstas as responsabilidades dos guardiões.

A indagação que fazemos é se para ampliar a convivência familiar ou mesmo modificar a guarda ou a sua modalidade, reconhecer formas abusivas de exercício da autoridade parental, é necessária a existência de uma lei que tipifique as relações parentais? Partindo da premissa da Doutrina da Proteção Integral, caso não houvesse essa lei, a equipe técnica e os operadores do direito teriam feito outras sugestões ou determinações?

Considerando o atual movimento oposto à Lei de Alienação Parental, entendemos que se, eventualmente, ela fosse revogada, não significaria que as dificuldades que pais e mães enfrentam no exercício da autoridade deixarão de existir e as famílias permanecerão recorrendo à justiça para a solução de seus conflitos. Da mesma forma que questões do âmbito da violência doméstica continuarão reverberando nas varas da família, sempre que a convivência familiar de crianças e adolescentes estiver em pauta.

Do ponto de vista profissional, a centralidade da atuação será a forma como o/a assistente social perceberá a realidade social e a dinâmica desta família e como se engendram as relações. É sob esta análise que terá elementos para dar respostas propositivas (Iamamoto, 2001).

Destarte, entendemos que, como assistentes sociais, é necessário termos a devida cautela para não reproduzirmos formas de controle, uma vez que, ao conhecermos as realidades sociais e familiares, adentramos os espaços privados por meio de nossas entrevistas e visitas, e as nossas análises sobre esta dinâmica são expressas por meio dos pareceres.

Ao concluirmos este último capítulo, no qual conhecemos e refletimos sobre os discursos das/os assistentes sociais acerca da alienação parental por meio de entrevistas e laudos do Serviço Social, o que possibilitou, ainda, refletirmos sobre o fazer profissional da/o assistente social nas varas da família, partimos para as considerações finais.

Considerações finais

A elaboração deste livro possibilitou maior aproximação com a temática alienação parental. Devido ao seu reconhecimento jurídico em 2010, quando ganhou *status* de lei — Lei n. 12.318 —, não há ainda expressiva produção acadêmica sobre a temática no âmbito do Serviço Social. A maioria das produções é das áreas do Direito e da Psicologia, havendo nessas produções distintos posicionamentos sobre o conceito, a forma de sua identificação, considerá-lo "síndrome" ou não, entre outros aspectos que podem contribuir tanto para o Serviço Social construir os seus referenciais, como podem explicitar a necessidade de que estas áreas, que estão na vanguarda do debate, aprofundem os estudos e aproximem a discussão da realidade brasileira, para não se pautarem no conceito formulado por Richard Gardner no século XX, em outro contexto histórico e social.

Partindo do entendimento de que a alienação parental se refere à convivência familiar, como visto nesta pesquisa, as garantias estão previstas na legislação brasileira, tendo em vista a Doutrina da Proteção Integral de Crianças e Adolescentes e o Sistema de Garantia de Direitos.

Nesse sentido, consideramos que este deve ser o posicionamento a ser adotado em termos de discussão e de produção de conhecimento em Serviço Social.

Foi a partir deste prisma que realizamos este estudo, que é inédito ao tratar da alienação parental a partir da visão das/os assistentes sociais judiciários que atuam nas varas da família. Por esse motivo, esta pesquisa pressupõe o desdobramento de estudos posteriores que abranjam questões outras, como a contribuição da/o assistente social no trabalho social com famílias em litígio, sob a ótica dos/as magistrados/as e das/os usuárias/os, e a análise das sentenças judiciais que contemplaram os pareceres das/os assistentes sociais, sempre na perspectiva do direito social à convivência familiar.

O estudo sobre a inserção da família na legislação brasileira, por sua vez, possibilitou a compreensão do lugar que ela ocupou por muitos anos, especialmente as famílias das camadas populares e, da mesma forma, as mulheres e as crianças, tendo em vista a supremacia masculina que perdura de longa data e ainda não foi plenamente superada, embora a Constituição Federal de 1988 garanta a igualdade de direitos e deveres entre homens e mulheres.

As características marcadamente conservadoras voltadas ao direito da família e expressas na legislação de certa forma estiveram presentes nas primeiras intervenções profissionais voltadas à família (Silva, 1987) com o surgimento do Serviço Social no Brasil, como pudemos identificar no estudo desenvolvido sobre as abordagens conceituais de família. Ainda que a família, na atualidade, tenha conquistado o reconhecimento de que lhe sejam direcionadas ações nas políticas públicas — matricialidade sociofamiliar —, contraditoriamente ela tem sido cobrada a se responsabilizar pelos seus membros em desproporção às suas reais condições, o que demonstra uma tendência familista por parte do Estado (Campos, 2016; Mioto, 2016).

Os conceitos sobre família expressam posições diversas e, de acordo com Campos (2016), a profissão ainda não produziu suas próprias referências, o que, em nosso entendimento, significa dizer que tal afirmação impacta a atuação profissional, especialmente no trabalho social com famílias que vivenciam o processo de litígio (Rocha, 2015).

A compreensão desses importantes aspectos históricos sobre a família nos permitiu adentrar a discussão sobre alienação parental, nosso objeto de estudo, com o devido posicionamento e análise que o tema exige.

Embora os conceitos acerca da alienação parental, especialmente na área do Direito, sistematicamente apontem a existência de um alienador/a que dificulta o convívio do/a alienado/a com os/as filhos/as, trazendo sérios danos psicológicos a elas/eles, em geral os discursos não contextualizam a família (Dias, 2007) e alguns sugerem um viés punitivo (Simão, 2007).

A tendência da Psicologia, em boa parte dos estudos, conforme pudemos verificar nesta pesquisa, tem sido idêntica à do Direito no que tange às afirmações sobre os prejuízos psicológicos (Motta, 2007; Trindade, 2007). Raros foram os trabalhos nesta área do conhecimento que trouxeram contribuições e propostas de reflexões críticas acerca da alienação parental em relação às produções de Richard Gardner, que foram, no início, basicamente as únicas referências no Brasil, conforme aponta Sousa (2010; 2015).

A intensificação e disseminação da alienação parental e a sua "descoberta" na realidade brasileira, através das publicações e divulgação por parte das várias associações de pais e mães separados, bem como a organização e mobilização destas, favoreceram a aprovação da Lei de Alienação Parental em 2010, num curto espaço de tempo.

Foi possível identificar que tanto há interesse por parte das/os assistentes sociais em discutir o tema e sistematizar a prática, como há necessidade de aprofundar os estudos, mesmo aqueles que partiram de pesquisadoras/es inseridas/os na área sociojurídica (Barbosa e Castro, 2013; Valente, 2007).

Assim, os resultados da pesquisa, expressos a partir da construção de três núcleos analíticos, demonstraram que, no primeiro núcleo, o da alienação parental e da família, são distintas as visões profissionais acerca desses conceitos e os significados que a eles atribuem, pois tanto partem de uma percepção histórico-crítica, como são pautadas em valores pessoais, especialmente os relativos à família. Não obstante, todas/os as/os profissionais entrevistadas/os revelaram preocupação com o trabalho que desenvolvem junto à população atendida, tais disparidades e contradições remetem à importância que a formação profissional (seja na graduação, seja na formação continuada) tem e precisa agregar à temática família/famílias em sua amplitude e diversidade. Essas lacunas podem, de certa forma, ter relação com a falta de produção teórica sobre a família, conforme apontado por Campos (2016).

Em relação à alienação parental, as/os profissionais entrevistadas/os avaliam que se trata de um tema delicado e, da mesma forma, reconhecem o inexpressivo debate sobre o tema e consequente escassez na produção sobre o assunto.

No segundo núcleo, do Serviço Social e perspectiva da proteção integral, no qual foram analisadas as ações profissionais voltadas para a garantia do direito social à convivência familiar das crianças e adolescentes envolvidas nas disputas litigiosas, os discursos obtidos através das entrevistas e dos laudos do Serviço Social apontaram que as/os assistentes sociais obtiveram experiências exitosas na promoção de direitos. Também foram marcantes as diversificadas formas de atuação do Serviço Social num mesmo espaço sócio-ocupacional.

O terceiro núcleo, o da alienação parental e Serviço Social, no qual foi explorado como se dão as contribuições da prática das/os assistentes sociais na identificação dos casos envolvendo o tema aqui analisado, demonstrou que há, por parte dos sujeitos da pesquisa, o discurso de fornecer elementos que subsidiem as determinações judiciais, seja nas falas das/os entrevistadas/os, seja nos laudos do Serviço Social, como podemos verificar a partir da forma minuciosa de trazer informações sobre o contexto familiar, seja apresentando de uma forma mais descritiva, seja de forma mais analítica, abarcando uma interpretação mais ampla. As/Os entrevistadas/os foram unânimes em afirmar que acreditam poder contribuir não apenas na identificação de situações envolvendo a violação do direito à convivência familiar, mas também em quaisquer demandas que requerem decisão judicial.

Ao trazer a análise sobre a lei e a visão do Serviço Social, esta pesquisa evidenciou a necessidade de ampliação do debate sobre as questões inerentes à alienação parental e à área sociojurídica no trabalho social com famílias, propiciando a produção de conhecimento acerca destas temáticas. A discussão do tema no âmbito do conjunto CFESS/CRESS com a categoria profissional também se mostra como uma pauta relevante.

Embora as/os assistentes sociais lidem com conflitos familiares em seu *locus* profissional, se faz necessário, também, o aprofundamento dos estudos e debates, o que foi identificado tanto nas discussões a partir da produção bibliográfica, como nos discursos dos sujeitos da pesquisa e nos laudos sociais analisados.

De acordo com Rocha (2015), a concepção de família que a/o assistente social tem é que norteará suas ações profissionais nos casos envolvendo litígio e, da mesma forma, os que envolvem alienação parental.

No entanto, vale ressaltar que, para além das distintas formas de atuação e posições teóricas, foi observado que há entre os sujeitos da pesquisa, tanto em relação às/aos entrevistadas/os, como no caso das/os assistentes sociais que colaboraram com a indicação dos laudos sociais, comprometimento com o trabalho realizado nas varas da família, o que entendemos como sendo um fator de importante destaque para a garantia e efetivação de direitos sociais, especialmente o direito à convivência familiar e comunitária, o que nos permite afirmar que tais práticas correspondem ao que preconiza o projeto ético-político do Serviço Social.

Concordamos com Sousa (2015) quando afirma que determinadas questões de ordem pessoal e no âmbito da família ganharam notoriedade em tempos de judicialização das relações sociais, a exemplo do tema em evidência, fazendo com que, por meio da lei, sejam criados dispositivos de controle sob a alegação de proteção e garantia de direitos.

Os pontos identificados pela autora nos fazem refletir o quanto essas formas de controle podem se expressar no trabalho social com famílias, a depender da postura e dos modelos de intervenção adotados pelas/os profissionais.

Nesse sentido, práticas profissionais que reforçam a perspectiva da proteção integral das crianças e das/os adolescentes e o exercício da parentalidade, permitindo que pais e mães participem de forma ampla da vida de suas/seus filhas/os, são mais efetivas em contraposição à emissão de pareceres que afirmem ou refutem a ocorrência da alienação parental, inclusive, porque não há respaldo no Código de Ética Profissional que permita dar diagnósticos, como defendido no decorrer deste trabalho.

Seria importante que as políticas públicas, sejam elas no âmbito da assistência social, educação e saúde, já voltadas para a garantia da convivência familiar e comunitária das crianças e adolescentes, ampliassem o escopo de atendimento para as famílias cujos pais enfrentam processos litigiosos.

Esperamos, assim, que o presente estudo, que não se esgota em si mesmo, contribua para a ampliação e aprofundamento das reflexões acerca da alienação parental no Serviço Social e na área sociojurídica.

Referências

AGUILAR CUENCA, J. M. *Síndrome de Alienação Parental* — filhos manipulados por cônjuge para odiar o outro. Lisboa: Caleidoscópio, 2006.

ALAPANIAN, S. *Serviço Social e Poder Judiciário* — reflexões sobre o Direito e o Poder Judiciário. São Paulo: Veras, 2008a. v. 1.

ALAPANIAN, S. *Serviço Social e Poder Judiciário* — reflexões sobre o Serviço Social no Poder Judiciário. São Paulo: Veras, 2008b. v. 2.

ALENCAR, M. M. T. Prefácio. *In:* SIERRA, V. M. *Família:* teorias e debates. São Paulo: Saraiva, 2011.

AMARAL, M. V. B. *O avesso do discurso* — análise de práticas discursivas no campo do trabalho. Maceió: Edufal, 2007.

ANTUNES, R. *Coronavírus:* o trabalho sob fogo cruzado. São Paulo: Boitempo, 2020.

ASSOCIAÇÃO DE PAIS E MÃES SEPARADOS — APASE (org.). *Síndrome da Alienação Parental (SAP) e a tirania do guardião:* aspectos psicológicos, sociais e jurídicos. Porto Alegre: Equilíbrio, 2007.

BAPTISTA, D. M. T. O debate sobre o uso de técnicas qualitativas e quantitativas de pesquisa. *In:* MARTINELLI, M. L. (org.). *Pesquisa qualitativa:* um instigante desafio. São Paulo: Veras, 1999. p. 31-40.

BAPTISTA, M. V. *A investigação em Serviço Social.* São Paulo: Veras; Lisboa: Centro Português de Investigação em História e Trabalho Social, 2006.

BARBOSA, L. P. G.; CASTRO, B. C. R. *Alienação parental* — um retrato dos processos e das famílias em situação de litígio. Brasília: Liber, 2013.

BARROCO, M. L. S. Fundamentos éticos do Serviço Social. *In: CFESS. Serviço Social:* direitos sociais e competências profissionais. Brasília: CFESS/ABEPSS, 2009.

BARROCO, M. L. S.; TERRA, S. H. *Código de ética do assistente social comentado.* São Paulo: Cortez Editora, 2012.

BATISTA, T. T. *Judicialização dos conflitos intrafamiliares:* considerações do Serviço Social sobre a alienação parental. 2016. Dissertação (Mestrado) — Programa de Pós-graduação em Política Social, Universidade Federal do Espírito Santo, Vitória, 2016.

BEZERRA, V.; VELOSO, R. *Gênero e Serviço Social:* desafios a uma abordagem crítica. São Paulo: Saraiva, 2015.

BORGIANNI, E. Para entender o Serviço Social na área sociojurídica. *Serviço Social & Sociedade.* Área Sociojurídica. São Paulo: Cortez Editora, n. 115, p. 407-442, área sociojurídica, jul./set. 2013.

BRASIL. Constituição (1988). *Constituição da República Federativa do Brasil.* Brasília, 1988. Disponível em: http://www.planalto.gov.br/ccivil_03/Constituicao/Constituicao.htm. Acesso em: 10 jul. 2020.

BRASIL. Constituição (1967). *Constituição da República Federativa do Brasil.* Brasília, 1967. Disponível em: http://www.planalto.gov.br/ccivil_03/Constituicao/Constituicao67.htm. Acesso em: 10 jul. 2020.

BRASIL. Constituição (1946). *Constituição dos Estados Unidos do Brasil.* Rio de Janeiro, 1946. Disponível em: http://www.planalto.gov.br/ccivil_03/Constituicao/Constituicao46.htm. Acesso em: 10 jul. 2020.

BRASIL. Constituição (1937). *Constituição da República dos Estados Unidos do Brasil.* Rio de Janeiro, 1937. Disponível em: http://www.planalto.gov.br/ccivil_03/Constituicao/Constituicao37.htm. Acesso em: 10 jul. 2020.

BRASIL. Constituição (1934). *Constituição da República dos Estados Unidos do Brasil.* Rio de Janeiro, 1934. Disponível em: http://www.planalto.gov.br/ccivil_03/Constituicao/Constituicao34.htm. Acesso em: 10 jul. 2020.

BRASIL. Lei n. 14.340, de 18 mai. 2022. Disponível em: http://www.planalto.gov.br/ccivil_03/_Ato2019-2022/2022/Lei/L14340.htm. Acesso em: 24 mai. 2022.

BRASIL. Lei n. 13.431, de 4 abr. 2017. Brasília, 2017. Disponível em: http://www.planalto.gov.br/ccivil_03/_Ato2015-2018/2017/Lei/L13431.htm. Acesso em: 10 jul. 2020.

BRASIL. Lei n. 13.058, de 22 dez. 2014. Brasília, 2014. Disponível em: http://www.planalto.gov.br/ccivil_03/_ato2011-2014/2014/Lei/L13058.htm. Acesso em: 10 jul. 2020.

BRASIL. Lei n. 12.318, de 26 ago. 2010. Brasília, 2010. Disponível em: http://www.planalto.gov.br/ccivil_03/_ato2007-2010/2010/lei/l12318.htm. Acesso em: 10 jul. 2020.

BRASIL. Lei n. 12.010, de 3 ago. 2009. Brasília, 2009. Disponível em: http://www.planalto.gov.br/ccivil_03/_ato2007-2010/2009/lei/l12010.htm. Acesso em: 5 ago. 2009.

BRASIL. Lei n. 11.698, de 13 jun. 2008. Brasília, 2008. Disponível em: http://www.planalto.gov.br/ccivil_03/_Ato2007-2010/2008/Lei/L11698.htm. Acesso em: 2 ago. 2010.

BRASIL. Lei n. 11.340, de 7 ago. 2006. Brasília, 2006a. Disponível em: http://www.planalto.gov.br/ccivil_03/_ato2004-2006/2006/lei/l11340.htm. Acesso em: 10 jun. 2020.

BRASIL. *Plano Nacional de Promoção, Proteção e Defesa do Direito de Crianças e Adolescentes à Convivência Familiar e Comunitária.* Brasília: Conanda, 2006b.

BRASIL. Política Nacional de Assistência Social (PNAS). *Norma Operacional Básica (NOB/SUAS).* Brasília, 2005. Disponível em: https://www.mds.gov.br/webarquivos/publicacao/assistencia_social/Normativas/PNAS2004.pdf. Acesso: 23 abr. 2022.

BRASIL. Lei n. 10.406, de 10 jan. 2002. *Código Civil Brasileiro.* Brasília, 2002. Disponível em: http://www.planalto.gov.br/ccivil_03/leis/2002/l10406compilada.htm. Acesso em: 20 dez. 2020.

BRASIL. Lei n. 8.069, de 13 jul. 1990. Brasília, 1990. Disponível em: http://www.planalto.gov.br/ccivil_03/leis/l8069.htm. Acesso em: 10 jul. 2020.

BRASIL. Lei n. 4.121, de 27 ago. 1962. Brasília, 1962. Disponível em: https://www2.camara.leg.br/legin/fed/lei/1960-1969/lei-4121-27-agosto-1962-353846-norma-pl.html. Acesso em: 10 jul. 2020.

BRASIL. Lei n. 3.071, de 1 jan. 1916. *Código Civil Brasileiro*. Rio de Janeiro, 1916. Disponível em: http://www.planalto.gov.br/ccivil_03/leis/L3071impressao.htm. Acesso em: 10 jul. 2020.

BRITO, L. M. T.; PEÇANHA, R. F. Separação conjugal e relações familiares: debates recentes. *Interações*, v. 12, n. 22, p. 87-104, jun./dez. 2006.

BRUSCHINI, M. C. Trabalho feminino no Brasil: novas conquistas ou persistência da discriminação? In: INTERNATIONAL CONGRESS OF THE LATIN AMERICAN STUDIES ASSOCIATION, 21., 1998, Chicago. *Anais* [...]. Chicago, 24-26 set. 1998. Disponível em: http://biblioteca.clacso.edu.ar/ar/libros/lasa98/Bruschini.pdf. Acesso em: 26 dez. 2020.

BRUSCHINI, M. C. *Mulher, casa e família*: cotidiano nas camadas médias paulistanas. São Paulo: Revista dos Tribunais, 1990.

BRUSCHINI, M. C.; RICOLDI, A. M. *Articulação trabalho e família:* famílias urbanas e de baixa renda e políticas de apoio às trabalhadoras. São Paulo: FCC/DPE, 2008.

CAMPOS, M. S. Família: dificuldades na sua configuração como objeto de estudo científico e de prática profissional. *In:* TEIXEIRA, S. M. (org.). *Política de assistência social e temas correlatos*. Campinas: Papel Social, 2016. p. 201-213.

CAMPOS, M. S. O casamento da política social com a família: feliz ou infeliz? *In:* MIOTO, R. C. T.; CAMPOS, M. S.; CARLOTO, C. M. (org.). *Familismo, direitos e cidadania*: contradições da política social. São Paulo: Cortez, 2015. p. 21-43.

CAMPOS, M. S. Para que serve pensar a existência de uma "chefia feminina" na família atual? *In:* DE MARTINO, M. (org.). *Infancia, familia y género* — múltiplas problemáticas, múltiples abordajes. Montevideo: Ediciones Cruz del Sur, 2010. p. 55-74.

CAMPOS, M. S.; MIOTO, R. C. T. Matricialidade sociofamiliar. *In:* FERNANDES, R. M. C.; HELLMANN, A. (org.). *Dicionário crítico:* política de assistência social no Brasil. Porto Alegre: Ed. UFGRS, 2016. p. 174-177.

CAMPOS, M. S.; TEIXEIRA, S. M. Gênero, família e proteção social: as desigualdades fomentadas pela política social. *Katálysis,* Florianópolis, v. 13, n. 1, p. 20-28, jun. 2010. Disponível em: http://www.scielo.br/scielo.php?script=sci_arttext&pid=S1414-49802010000100003&lng=en&nrm=iso. Acesso em: 10 jul. 2020.

CHIZZOTTI, A. *Pesquisa em ciências humanas e sociais.* 7. ed. São Paulo: Cortez Editora, 2005.

CHIZZOTTI, A. *Pesquisa em ciências humanas.* 3. ed. São Paulo: Cortez Editora, 1998.

CISNE, M. *Feminismo e consciência de classe no Brasil.* São Paulo: Cortez Editora, 2014.

CISNE, M.; SANTOS, S. M. M. *Feminismo, diversidade sexual e Serviço Social.* São Paulo: Cortez Editora, 2018.

COELHO, M. *Imediaticidade na prática profissional do assistente social.* Rio de Janeiro: Lumen Juris, 2013.

COELHO, M. Imediaticidade na prática profissional do assistente social. *In:* FORTI, V.; GUERRA, Y. (org.). *Serviço Social:* temas, textos e contextos. 2. ed. Rio de Janeiro: Lumen Juris, 2011. p. 23-43. (Coletânea Nova de Serviço Social).

CONSELHO FEDERAL DE SERVIÇO SOCIAL. *Atuação de assistentes sociais no sociojurídico* — subsídios para reflexão. *Série Trabalho e Projeto Profissional nas Políticas Sociais.* Brasília: [s. n.], 2014. (Série Trabalho e Projeto Profissional nas Políticas Sociais).

CONSELHO FEDERAL DE SERVIÇO SOCIAL. *Atribuições privativas do/a assistente social em questão.* Brasília: [s. n.], 2012.

CONSELHO FEDERAL DE SERVIÇO SOCIAL. *Código de Ética do/a assistente social.* Lei n. 8.662/93 de regulamentação da profissão. 9. ed. rev. e atual. Brasília: [s. n.], 2011.

CONSELHO FEDERAL DE SERVIÇO SOCIAL. *Práticas terapêuticas no âmbito do Serviço Social:* subsídios para o aprofundamento do estudo. 2008. Disponível em: http://www.cfess.org.br/arquivos/praticasterapeuticas.pdf. Acesso em: 16 nov. 2020.

CORRÊA, M. Repensando a família patriarcal brasileira — notas para o estudo das formas de organização familiar no Brasil. *In:* ARANTES, A. A. *et al. Colcha de retalhos:* estudos sobre a família no Brasil. Campinas: Editora da Unicamp, 1994.

DARNALL, D. *Uma definição mais abrangente de alienação parental.* Tradução: Associação de Pais e Mães Separados, s. d.

DARNALL, D. *Consequência da SAP sobre as crianças e sobre o genitor alienado*. 1998. Disponível em: http://paulo-sc.blogspot.com/2008/05/consequncias-da-sap-sobre-as-crianas.html. Acesso em: 10 jul. 2020.

DIAS, M. B. Síndrome da Alienação Parental, o que é isso? *In:* ASSOCIAÇÃO DE PAIS E MÃES SEPARADOS (org.). *Síndrome da Alienação Parental (SAP) e a tirania do guardião*. Porto Alegre: Equilíbrio, 2007. p. 11-14.

ENGELS, F. *A origem da família, da propriedade privada e do Estado*. 3. ed. Tradução: Leandro Konder. São Paulo: Expressão Popular, 2012.

FARIA, J. E. O sistema brasileiro de justiça: experiência recente e futuros desafios. *Estudos Avançados*, v. 18, n. 51, 2004. Disponível em: https://www.scielo.br/j/ea/a/7SxL3ZVmwbGPNsgbRRM3FmQ/?lang=pt. Acesso em: 8 abr. 2022.

FÁVERO, E. T. O estudo social — fundamentos e particularidades de sua construção na área judiciária. *In:* CONSELHO FEDERAL DE SERVIÇO SOCIAL. *O estudo social em perícias, laudos e pareceres técnicos* — debates no judiciário, no penitenciário e na previdência social. 11. ed. São Paulo: Cortez Editora, 2014. p. 13-64.

FÁVERO, E. T. O Serviço Social no Judiciário: construções e desafios com base na realidade paulista. *Serviço Social & Sociedade*, São Paulo: Cortez Editora, n. 115, p. 508-526, área sociojurídica, jul./set. 2013.

FÁVERO, E. T. Serviço Social e o campo sociojurídico: reflexões sobre rebatimento da questão social no trabalho cotidiano. *In:* FORTI, V.; GUERRA, Y. *Serviço Social:* temas, textos e contextos. 2. ed. Rio de Janeiro: Lumen Juris, 2011. p. 135-146. (Coletânea Nova de Serviço Social).

FÁVERO, E. T. Instruções sociais de processos, sentenças e decisões. *In:* CFESS. *Serviço Social: direitos e competências profissionais*. Brasília: CFESS/ABEPSS, 2009. p. 609-636.

FÁVERO, E. T. *Parecer técnico sobre metodologia "depoimento sem dano", ou "depoimento com redução de danos"*. Brasília: CFESS, 2008.

FÁVERO, E. T. *Serviço Social, práticas judiciárias, poder:* implantação e implementação do Serviço Social no Juizado da Infância e da Juventude de São Paulo. 2. ed. São Paulo: Veras, 2005.

FÉRES-CARNEIRO, T. Alienação parental: uma leitura psicológica. *In:* ASSOCIAÇÃO DE PAIS E MÃES SEPARADOS (org.). *Síndrome da Alienação Parental e a tirania do guardião:* aspectos psicológicos, sociais e jurídicos. Porto Alegre: Equilíbrio, 2007. p. 73-80.

FONSECA, P. M. P. C. Síndrome de Alienação Parental. *Revista Pediatria*, São Paulo, v. 28, n. 3, 2006. Disponível em: www.pediatriasaopaulo.usp.br. Acesso em: 20 jun. 2008.

FORTI, V.; GUERRA, Y. Na prática, a teoria é outra? *In:* FORTI, V.; GUERRA, Y. (org.). *Serviço Social:* temas, textos e contextos. 2. ed. Rio de Janeiro: Lumen Juris, 2011. p. 3-22. (Coletânea Nova de Serviço Social).

FRAGA, C. K. A atitude investigativa no trabalho do assistente social. *Serviço Social & Sociedade*, São Paulo: Cortez Editora, n. 101, 40-64, mar. 2010.

FRANCO, A. A. P.; FÁVERO, E. T.; OLIVEIRA, R. C. S. *Perícia em Serviço Social*. Campinas: Papel Social, 2021.

FREITAS, D. P. *Tratamento compulsório de pais em alienação parental*. Florianópolis: Voxlegem, 2015.

FUZIWARA, A. S. Lutas sociais e direitos humanos da criança e do adolescente: uma necessária articulação. *Serviço Social & Sociedade*, São Paulo: Cortez Editora, n. 115, p. 527-543, área sociojurídica, jul./set. 2013.

GARDNER, R. *O DSM tem equivalente para o diagnóstico de Síndrome de Alienação Parental?* Tradução: Rita de Cássia Rafaeli Neto. 2002. Disponível em: https://sites.google.com/site/alienacaoparental/textos-sobre-sap-1/o-dsm-iv-tem-equivalente. Acesso em: 10 jul. 2020.

GARDNER, R. Recent trends in divorce and custody litigation. *Academy Forum*, v. 29, n. 2, p. 3-7, Summer 1985. Disponível em: http://www.fact.on.ca/Info/pas/gardnr85.htm. Acesso em: 10 jul. 2020.

GOIS, D. A. Famílias, desenraizamento social e privação de direitos. *In:* FÁVERO, E.; GOIS, D. A. *Serviço Social e temas sociojurídicos:* debates e experiências. Rio de Janeiro: Lumen Juris, 2014a.

GOIS, D. A. Diferentes tipos de guarda: reflexões sobre famílias e Sobre cuidado, proteção e convivência familiar de crianças e adolescentes. *In: TRIBUNAL DE*

JUSTIÇA DE SÃO PAULO. I curso de capacitação de assistentes sociais em varas de família, São Paulo, 2014b.

GOIS, D. A.; OLIVEIRA, R. C. S. Serviço Social na justiça da família: demandas contemporâneas do exercício profissional. São Paulo: Cortez Editora, 2019.

GOMES, J. L. P. Alienação parental: o bullying familiar. Leme: Imperium, 2011.

GUEIROS, D. A. Família e proteção social: questões atuais e limites da solidariedade familiar. Serviço Social & Sociedade, São Paulo: Cortez, v. 71, p. 102-121, 2002.

GUERRA, Y. O conhecimento crítico na reconstrução das demandas profissionais contemporâneas. In: BAPTISTA, M. V.; BATTINI, O. A prática profissional do assistente social: teoria, ação, construção do conhecimento. São Paulo: Veras, 2009. v. 1.

GUERRA, Y. No que se sustenta a falácia de que "na prática a teoria é outra?" In: SEMINÁRIO NACIONAL ESTADO E POLÍTICAS SOCIAIS, 2., 2005, Cascavel. Anais [...]. Cascavel: Universidade Estadual do Oeste do Paraná, 2005.

IAMAMOTO, M. V. Projeto profissional, espaços ocupacionais e trabalho do assistente social na atualidade. In: CONSELHO FEDERAL DE SERVIÇO SOCIAL. Atribuições privativas do/a assistente social em questão. Brasília: [s. n.], 2012.

IAMAMOTO, M. V. O Serviço Social na contemporaneidade: trabalho e formação profissional. 4. ed. São Paulo: Cortez Editora, 2001.

LIMA, E. F. R.; SANTOS, L. S. Síndrome da Alienação Parental: estudo de caso sob o enfoque psicológico no campo do judiciário. In: BERNARDI, D. F. B. et al. (org.). Infância, juventude e família na justiça — ações interdisciplinares e soluções compartilhadas na resolução de conflitos. Campinas: Papel Social, 2012. p. 162-189.

MARCOCCIA, R. M. O princípio da subsidiariedade e a participação popular. Serviço Social & Sociedade, São Paulo: Cortez Editora, n. 86, p. 90-121, 2006.

MARSIGLIA, R. M. G. Orientações básicas para a pesquisa. In: MOTA, A. E. et al (org.). Serviço Social e saúde — formação e trabalho profissional. São Paulo: Ministério da Saúde, 2006. p. 383-398.

MARTINELLI, M. L. (org.). Pesquisa qualitativa: um instigante desafio. São Paulo: Veras, 1999.

MIOTO, R. C. T. Trabalho social com famílias: entre as amarras do passado e os dilemas do presente. Família, trabalho com famílias e Serviço Social. In:

TEIXEIRA, S. M. (org.). *Política de assistência social e temas correlatos*. Campinas: Papel Social, 2016. p. 215-231.

MIOTO, R. C. T. Família, trabalho com famílias e Serviço Social. *Serviço Social em Revista*, Londrina, v. 12. n. 2, p. 163-176, jan./jun. 2010. Disponível em: http://www.uel.br/revistas/uel/index.php/ssrevista/article/view/7584/6835. Acesso em: 10 jul. 2020.

MIOTO, R. C. T. Orientação e acompanhamento a indivíduos, grupos e famílias. *In:* CFESS; ABEPSS (org.). *Serviço Social:* direitos sociais e competências profissionais. Brasília: CFESS/ABEPSS, 2009. p. 497-512.

MIOTO, R. C. T. Perícia social: proposta de um percurso operativo. *Serviço Social & Sociedade*, São Paulo: Cortez, ano XXII, n. 67, p. 145-148, temas sociojurídicos, 2001.

MIOTO, R. C. T. Família e Serviço Social: contribuição para o debate. *Serviço Social & Sociedade*, São Paulo, Cortez, n. 55, p. 115-130, 1997.

MIOTO, R. C. T.; LIMA, T. C. S. Quem cobre as insuficiências das políticas públicas. *In:* JORNADA INTERNACIONAL EM POLÍTICAS PÚBLICAS, 2., 2005, São Luís. *Anais* [...]. São Luís, 2005. Disponível em: http://www.joinpp2013.ufma.br/jornadas/joinppII/pagina_PGPP/Trabalhos2/Regina_C%C3%A9lia_Telma-Cristiane313.pdf. Acesso em: 10 jul. 2020.

MONTAÑO, C. *Alienação parental e guarda compartilhada* — um desafio ao Serviço Social na proteção dos mais indefesos: a criança alienada. 2. ed. Rio de Janeiro: Lumen Juris, 2018.

MOTTA, M. A. P. A Síndrome da Alienação Parental. *In:* ASSOCIAÇÃO DE PAIS E MÃES SEPARADOS (org.). *Síndrome da Alienação Parental e a tirania do guardião:* aspectos psicológicos, sociais e jurídicos. Porto Alegre: Equilíbrio, 2007. p. 40-72.

NETTO, J. P. A construção do Projeto Ético-Político do Serviço Social. *In:* MOTA, A. E. *et al.* (org.). *Serviço Social e saúde:* formação e trabalho profissional. São Paulo: OPAS; OMS; Ministério da Saúde, 2006. p. 141-160.

OLIVEIRA, R. C. S. Perícia social nas disputas judiciais de guarda: contribuições das relações sociais de gênero sobre igualdade parental. *In:* FÁVERO, Eunice T. (org.). *Famílias na cena contemporânea:* (des)proteção social, desigualdades e judicialização. Uberlândia: Navegando Publicações, 2020. Disponível em: www.editoranavegando.com/livro-familias-na-cena. Acesso em: 24 jul. 2021.

PÊCHEUX, M. *Análise de discurso:* Textos selecionados. Organização: Eni Puccinelli Orlandi. 3. ed. Campinas: Pontes Editores, 2012.

PEREIRA, P. A. P. A utilidade da pesquisa para o Serviço Social. *Serviço Social e Saúde*, Campinas, v. 4, n. 4, p. 17-28, maio 2005.

PISMEL, F. O. *O encargo judicial do assistente social em vara de família.* 1979. Dissertação (Mestrado) – Pontifícia Universidade Católica de São Paulo, São Paulo, 1979.

PODEVYN, F. *Síndrome de Alienação Parental.* Tradução: Associação de Pais e Mães Separados. [S. l.: s. n.], 2001.

PRATES, J. C. O método e o potencial interventivo e político da pesquisa social. *Temporalis:* revista da Associação Brasileira de Ensino e Pesquisa em Serviço Social — ABEPSS/pesquisa e conhecimento em Serviço Social, Recife: Ed. Universitária da UFPE, ano 5, n. 9, jan./jun. 2005.

ROCHA-COUTINHO, M. L. Transmissão geracional e família na contemporaneidade. *In:* BARROS, M. L. (org.). *Família e gerações.* Rio de Janeiro: Editora FGV, 2006. p. 91-106.

ROCHA, E. F. da. Repercussões das acusações de alienação parental para as mulheres nos litígios familiares: uma abordagem crítico-feminista. *In:* SIQUEIRA, M. *Direito, Estado e feminismo.* João Pessoa: Editora Porta, 2022. v. 1.

ROCHA, E. F. da. Serviço Social, convivência familiar e perícia social: reflexões necessárias em tempos de pandemia. *In:* PONTES, Reinado N.; CRAVEIRO, Adriely V.; AMARO, Sarita. *Serviço Social e pandemia:* realidade, desafios e práxis. Curitiba: Nova Práxis, 2020. p. 117-134.

ROCHA, E. F. da. Perícia social em alienação parental: da crítica ao punitivismo ao direito à convivência familiar. *In:* MEDEIROS, A.; BORGES, S. *Psicologia e Serviço Social:* referências para o trabalho no judiciário. Curitiba: Nova Práxis, 2019. p. 111-133.

ROCHA, E. F. da. Serviço Social em Varas de Família: o litígio familiar e a alienação parental sob a perspectiva das relações sociais de sexo. *In:* ENCONTRO

NACIONAL DE PESQUISADORES EM SERVIÇO SOCIAL, 16., 2018, Vitória. *Anais* [...]. Vitória, 2018a.

ROCHA, E. F. da. A prática do assistente social com famílias em perícias sociais envolvendo acusações de alienação parental. *In:* GOIS, D. A. (org.). *Famílias e trabalho social:* trilhando caminhos no Serviço Social. Campinas: Papel Social, 2018b. p. 111-131.

ROCHA, E. F. da O trabalho do assistente social com famílias em litígio e a alienação parental: limites e possibilidades da prática profissional em varas de família. *In:* ENCONTRO NACIONAL DE PESQUISADORES EM SERVIÇO SOCIAL, 15., 2016, Ribeirão Preto. *Anais* [...]. Ribeirão Preto, 2016a. p. 1.

ROCHA, E. F. da *Alienação parental sob o olhar do Serviço Social:* limites e perspectivas da atuação profissional nas varas de família. 2016. Tese (Doutorado) – Pontifícia Universidade Católica de São Paulo, São Paulo, 2016b.

ROCHA, E. F. da Serviço Social e alienação parental: elementos para o debate. *Alienação Parental:* revista digital luso-brasileira, Lisboa, edição especial, p. 121-143, jun. 2015. Disponível em: http://issuu.com/sandraines3/docs/atas_congresso_ribeir__o_preto_2015/1?e=9912890/13773082. Acesso em: 10 jul. 2020.

ROCHA, E. F. da SOUZA, A. P. H. Alienação parental como demanda nas perícias psicológica e social em varas de família: uma perspectiva interdisciplinar. *In:* BORGIANNI, E.; MACEDO, L. M. (org.). *O Serviço Social e a Psicologia no universo judiciário*. Campinas: Editora Papel Social, 2018. v. 1, p. 277-295.

RODRIGUES, S. M.; MOLINARI, F. Lei da alienação parental: uma conquista social brasileira. *Alienação Parental*: revista digital luso-brasileira, Lisboa, p. 122-137, fev. 2014.

ROMANELLI, G. Autoridade e poder na família. *In:* CARVALHO, M. C. B. (org.). *A família contemporânea em debate*. São Paulo: Educ, 2003. p. 73-88.

SANTOS, T. F. S.; SOUZA, A. P. H.; ROCHA, E. F. Guarda compartilhada: aspectos psicológicos e sociais e a garantia do direito à convivência familiar. *Revista de Artigos 2ª Jornada FASP* — Fórum de Assistentes Sociais e Psicólogos do Espírito Santo, Vitória, 2017.

SCHMICKLER, C. M. *O protagonista do abuso sexual*: sua lógica e estratégias. Chapecó: Argos, 2006.

SIERRA, V. M. *Família:* teorias e debates. São Paulo: Saraiva, 2011.

SILVA, I. R. *Caminhos e (des)caminhos do plano nacional de convivência familiar e comunitária:* a ênfase na família para a proteção integral de crianças e adolescentes. 2010. Dissertação (Mestrado) — Universidade Federal de Santa Catarina, Florianópolis, 2010.

SILVA, L. M. M. R. *Serviço Social e família:* a legitimação de uma ideologia. 3. ed. São Paulo: Cortez Editora, 1987.

SIMÃO, R. B. C. Soluções judiciais concretas contra a perniciosa prática da Alienação Parental. *In:* ASSOCIAÇÃO DE PAIS E MÃES SEPARADOS (org.). *Síndrome da Alienação Parental (SAP) e a tirania do guardião* — aspectos psicológicos, sociais e jurídicos. Porto Alegre: Equilíbrio, 2007. p. 15-28.

SOUSA, A. M. Alegações de alienação parental: uma revisão sobre a jurisprudência brasileira. *In:* BORZUK, C. S.; MARTINS, R. C. A. *Psicologia e processos judiciais:* teoria, pesquisa e extensão. Goiânia: Editora da Imprensa Universitária, 2019. p. 145-166.

SOUSA, A. M. *Bullying, assédio moral e alienação parental:* a produção de novos dispositivos de controle social. Curitiba: Juruá, 2015.

SOUSA, A. M. *Síndrome da Alienação Parental:* um novo tema nos juízos de família. São Paulo: Cortez Editora, 2010.

SOUZA, E. Alienação parental — perigo eminente. *Boletim Jurídico*, Uberaba, ano 1, n. 30, jun. 2003. Disponível em: http://www.boletimjuridico.com.br/doutrina/texto.asp?id=27. Acesso em: 10 jul. 2020.

SZYMANSKI, H. Viver em família como experiência de cuidado mútuo: desafios de um mundo em mudança. *Serviço Social & Sociedade*, São Paulo: Cortez, n. 71, Especial Famílias, 2002.

TEIXEIRA, S. M. *A família na política de assistência social:* concepções e as tendências do trabalho social com famílias no CRAS de Teresina-PI. Teresina: EDUFPI, 2013.

TENÓRIO, E. M. *Entre a polícia e as políticas:* análise crítico-feminista da Lei Maria da Penha e das medidas de proteção e de urgências judiciais. 2017. Dissertação (Mestrado) — Universidade Federal do Espírito Santo, Vitória, 2017. Disponível em: http://repositorio.ufes.br/bitstream/10/8747/1/tese_11056_Emilly%20Marques%20Ten%C3%B3rio.pdf. Acesso em: 10 jul. 2020.

TRINDADE, J. Síndrome da Alienação Parental (SAP). *In:* DIAS, M. B. (org.). *Incesto e alienação parental* — realidades que a Justiça insiste em não ver. São Paulo: Revista dos Tribunais, 2007. p. 101-111.

VALENTE, J. *Família acolhedora* — as relações de cuidado e de proteção no serviço de acolhimento. São Paulo: Paulus, 2013.

VALENTE, M. L. C. S. *Famílias em litígio:* o olhar do Serviço Social sobre o processo de ruptura. 2008. Tese (Doutorado) — Pontifícia Universidade Católica do Rio de Janeiro, Rio de Janeiro, 2008.

VALENTE, M. L. C. S. Síndrome da Alienação Parental: a perspectiva do Serviço Social. *In:* ASSOCIAÇÃO DE PAIS E MÃES SEPARADOS (org.). *Síndrome da Alienação Parental (SAP) e a tirania do guardião* — aspectos psicológicos, sociais e jurídicos. Porto Alegre: Equilíbrio, 2007. p. 81-100.

VALENTE, M. L. C. S.; BATISTA, T. T. Violência doméstica contra a mulher, convivência familiar e alegações de alienação parental. *Argumentum, [S. l.]*, v. 13, n. 3, p. 76-89, 2021. Disponível em: https://periodicos.ufes.br/argumentum/article/view/35395. Acesso em: 29 dez. 2021.

VASCONCELOS, A. M. *A/O assistente social na luta de classes* — projeto profissional e mediações teórico-práticas. São Paulo: Cortez Editora, 2015.

VIGNOLI, M. F. S. *A família como campo de atuação e investigação do Serviço Social brasileiro.* 2007. Dissertação (Mestrado) — Pontifícia Universidade Católica de São Paulo, São Paulo, 2007.

YAZBEK, M. C. O significado sócio-histórico da profissão. *In:* CFESS. *Direitos e competências profissionais.* Brasília: CFESS/ABEPSS, 2009. p. 125-141.

LEIA TAMBÉM

SÍNDROME DA ALIENAÇÃO PARENTAL
um novo tema nos juízos de família

Analicia Martins de Sousa

1ª edição (2010) • 224 páginas • ISBN 978-85-249-1625-0

A leitura do texto de Analicia Martins de Sousa se faz obrigatória para profissionais da Psicologia, do Serviço Social, do Direito, da Psiquiatria, nos alertando para a urgente necessidade da constante atenção e ampliação da visão acerca das questões concretas trazidas pelos sujeitos que estão vivenciando rompimento de vínculos e impasses em relação à guarda dos filhos, inserindo-as no contexto de sua construção sociocultural. O que exige o necessário investimento no trabalho interdisciplinar e em pesquisas com base na realidade objetiva e subjetiva das famílias brasileiras nessa condição, atendidas pelo aparato jurídico.

LEIA TAMBÉM

SERVIÇO SOCIAL NA JUSTIÇA DE FAMÍLIA
demandas contemporâneas do exercício profissional

Dalva Azevedo de Gois
Rita C. S. Oliveira

1ª edição (2019) • 152 páginas • ISBN 978-85-249-2717-1 • Coleção Temas Sociojurídicos

Com coragem, conhecimento profundo das matérias, linguagem acessível e posicionamentos claros, as autoras discorrem sobre o estudo/perícia social, bem como a relação entre o perito e o assistente técnico, e questionam com lucidez os objetivos e princípios éticos que devem nortear a elaboração de documentos na esfera judicial. Dalva Gois e Rita Oliveira enfrentam com sabedoria o que elas mesmas chamam de histórico "silêncio" teórico sobre o trabalho profissional do assistente social nessa área. Leitura obrigatória e imprescindível não só para assistentes sociais, mas também para psicólogos e profissionais do Direito que atuam no interior do Poder Judiciário ou em sua interface.

GRÁFICA PAYM
Tel. [11] 4392-3344
paym@graficapaym.com.br